터닝 포인트
TURNING POINT

터닝 포인트

- 초판 1쇄 인쇄 2025년 4월 9일
- 초판 1쇄 발행 2025년 4월 15일

- 지은이 김성한
- 펴낸이 조유선
- 펴낸곳 누가출판사
- 등록번호 제315-2013-000030호
- 등록일자 2013. 5. 7
- 주소 서울시 강서구 공항대로 59다길 276(염창동)
- Tel 02-826-8802, Fax 02-6455-8805
- 정가 15,000원
- ISBN 979-11-85677-91-0 03230

* 파본은 교환해 드립니다.
* 이 출판물은 저작권법에 의해 보호를 받는
  저작물이므로 무단 복제할 수 없습니다.
* 독자의 의견을 기다립니다.
* sunvision1@hanmail.net

TURNING POINT

터닝 포인트

김성한 지음

2025년 대학로 연극의 화제작 감동실화!
미주기독신문 크리스찬타임스 -전문가 칼럼-

차례

추천서 • 6
서문 • 12

part 1 먼저 그의 나라와 그의 의를 구하라

회개하라 천국이 가까이 왔느니라 • 16
누구든지 목마르거든 내게로 와서 마시라 • 22
먼저 그의 나라와 그의 의를 구하라 • 31
너희가 내 안에 거하고 내 말이 너희 안에 거하면 • 40
네 손이 선을 베풀 힘이 있거든 • 51
행함이 없는 믿음은 죽은 것이니라 • 57

part 2 빚진 인생

인생의 주인 • 68
내 이름으로 모인 곳에는 • 76
주의 이름을 부르는 자는 구원을 받으리라 • 84
하늘 아버지께서 구하는 자에게 • 95
그의 언약 • 101

part 3 말씀으로 살리라

성경 공부 소모임 • 110
너희 열매가 항상 있게 하여 • 113
환난 중에도 즐거워 하나니 • 120
떡 다섯 개와 물고기 두 마리 • 128
천국을 빼앗다 • 137
땅에서 풀면 하늘에서도 풀리리라 • 146
말씀으로 살 것이라 • 155
시간의 주권자 하나님 • 162

part 4 내 마음에 임한 하나님의 나라

반석 위에 집을 지은 지혜로운 사람 • 172
허물의 사함을 받고 • 180
모든 혀가 자백하리라 • 187
내 아버지 집 • 195
모든 것을 가진 자 • 201
어린아이들과 같이 되지 아니하면 • 211

추천서 1

두레마을 김진홍 목사

어린 시절부터 몸에 베인 습관으로 책을 많이 읽는 편입니다. 근래에 읽은 책 중에 가슴에 닿는 책이 없었는데 김성한 전도사가 쓴 책의 원고를 읽고 예상외로 감동을 받았기에 추천의 글을 씁니다.

이 책을 접하는 분들이 무조건 읽어보기를 권합니다. 나의 경우는 요즘 바쁜 일들이 많습니다만 책상 위에 있는 원고를 그냥 읽었습니다. 읽어 내려가는 중에 생각지 않게 마음에 감동이 임하여 끝까지 정독하게 되었습니다. 읽는 중에 나 자신의 신앙생활의 모습을 살피게 되었고 회개하는 마음이 일어 '젊었던 날의 첫사랑을 벗어나 그릇되게 살고 있구나!' 하는 회개를 하였습니다.

원고를 읽으며 김성한이란 젊은이가 소박하고 순수한 그리고 열정적인 하나님의 일꾼임을 알게 되었습니다. 그리고 글솜씨도 있어 읽기에 지루하지 않고 내용에 빨려드는 표현력이 있는 글이었습니다. 다른 무엇보다 삶 속에서, 시장 바닥에서 살아계신 하나님을 만난 이야기가 퍽 감명 깊었습니다. 바라기는 많은 분들이 이 책을 읽고 영적으로 새로워지고 일터 속에서 역사하시는 하나님을 만날 수 있기를 바랍니다.

추천서 2

극단예맥 대표 임동진 목사

우주 만물 가운데 '너희는 내 것이라!' 하신 창조주 하나님과 하나가 된 것은 우리 인간뿐임을 생명의 책 성경에서 확증하게 되지요.

한세상 지나는 인생사 가운데 나를 지으시고 나와 함께하시는 성부 하나님을 '나의 아버지'라 부르며 사는 인생은 복된 인생인 것이 틀림없는 줄 믿습니다.

목자이자 극본작가의 길을 연 김성한 전도사의 '리턴!' 공연작품은 그것을 증명하는 작품이 될 것입니다.

이제 김성한 전도사의 신앙고백이 담긴 『터닝 포인트』가 책으로 출간되니 저 또한 목사이자 배우로 살아온 존재로 설레임이 적지 않습니다.

바라옵기는 『터닝 포인트』를 통하여 아직 주 하나님을 나의 아버지로 모시지 못하고 각기 제 길로만 향하는 모든 분들이 성부 하나님을 만나 복된 길, 영원한 생명의 길로 리턴하시기를 주님의 거룩하신 이름으로 축복합니다.

추천서 3

한국침례신학대학교 총장 **피영민 목사**

하나님께서 사람을 택하시고 구원하셔서 그 사람의 일생에 동행하시는 스토리는 구약성경과 신약성경에 가득하지만, 우리 자신과 가까운 사람에게 일어나는 경우에는 그 감동이 더욱 큰 것입니다.

부모님의 가업을 이어 16년이라는 세월을 야채를 포함한 식자재 유통업을 하는 과정에서 성령님의 내주하심과 임재하심과 구체적으로 인도하심을 끊임없이 체험한 김성한 전도사님은 40대 중반의 나이에 그가 실질적으로 경험한 성령님의 인도하심과 하나님 말씀의 능력을 간증과 글과 연극 등의 수단을 매개로 하여 증거 하기 시작했습니다.

그의 간증은 2024년 크리스찬 타임스에 연재되었고, 2025년 대학로에서 인기리에 공연된 연극 "리턴"의 원작이 되었습니다. 그의 간증들은 하나님의 말씀이 구체적이고 실질적인 삶의 현장에 어떻게 능력을 나타내는가 하는 생생한 증거들인 것입니다. 그의 간증이 이제는 책으로 출간되게 된 것을 진심으로 축하하며, 이 책이 수많은 사람에게 읽혀서 그들의 삶에도 하나님을 경험 한 수많은 간증이 나오게 되기를 진심으로 소망합니다.

김성한 전도사님은 이제 하나님의 부르심에 순종하여 신학을 공부하는 과정에 있습니다. 자신의 경험뿐만 아니라 하나님의 말씀에 나타난 객관적이고 명제적인 진리들을 더욱 깊이 깨달아서 어두움에 처해있는 수많은 영혼에게 빛을 밝게 비취는 생애가 되시기를 기원합니다.

추천서 4

수원하나교회 담임목사 **고성준**

김성한 전도사의 삶에는 감동이 있습니다. 가족을 위해 희생해야 했던 청년 시절부터, 하나님을 만나고 사역자의 길을 걷게 되기까지 그의 삶 속에는 하나님의 역사가 선명하게 아롱져 있습니다. 김성한 전도사의 마음에는 영혼을 향한 깜짝 놀랄만한 열정과 함께, 정의로운 하나님 나라를 향한 헌신이 균형 잡혀 있습니다. 이 책을 통해 그 열정과 헌신이 독자들에게도 흘러가게 될 것을 확신합니다.

추천서 5

미주기독신문 크리스찬타임스 한국후원회 회장/백석대 교수 **노승빈**

청과도매업을 하는 어머니를 도와 사업은 성공하지만 예수 그리스도를 외면한 삶 속에서 방황하고 신앙의 삶에서 멀리 떨어져 있는 저자의 삶이 생생합니다. 그러나 모든 삶을 주관하시고 계신 그분의 사랑을 깨닫고 회개한 후 신학을 공부하고 교회를 개척한 저자의 신앙과 간증에 존경을 표합니다. 1년에 거친 저자의 칼럼이 미주기독신문 크리스찬타임스에 연재된 후 이렇게 책으로 출간되는 것을 축하드립니다.

서문

터닝 포인트 Turning point : 전환점

우리는 누군가와의 만남이던, 어떤 사건의 계기가 되었던지 살면서 한두 번쯤 결정적인 인생의 전환점을 맞이하게 되는 경험이 있을 것입니다. 저 역시 20대 후반 청년 시절 내 삶의 중요한 터닝 포인트Turning point가 되었던 강제 철거를 당하기 전까지 한 가지 생각에 늘 사로잡혀 있었습니다. 바로 나 하나 살아있다고 해서 이 세상이 아름다워지거나 더 좋아지는 것이 아닌데 "나는 왜 이 세상에 존재하는가?" 하는 질문입니다.

매일 똑같이 먹고사는 인생, 어제도 오늘도 내일도 같다면 굳이 내가 살아갈 이유가 있는가? 내가 살아가는 것이 세상이 원하는 것일까? 아니면 내가 원하는 것일까? 수많은 사람 중에 나 하나 존재하는 것이 이 세상에 무슨 유익이 있을까? 하는 생각이 쓸데없는 것 같지만 이러한 나 자신에게 대한 물음에 해답이 없이 살아가는 삶에 대해 항상 꽉 막혀있는 답답함을 느끼며 살고 있었습니다. 아무리 생각해도 내가 이 세상의 존재 이유를 발견하지 못한다면 잘 살아갈 자신이 없었습니다. 한편으로는 한번 태어난 인생, 의미 있고 가치 있는 삶을 살고 싶은 마음은 컸지만 어떻게 살아가는 것이 가치 있고 후회 없는 삶을 살 수 있는지 답을 찾기 위해 몸부림치듯 제 청년 시절은 어두운 터널을 지나는 긴 여정의 시간을 보내어야 했습니다.

그러던 20대 후반 어느 날, 갑자기 찾아온 강제 철거라는 사건이 저의 이러한 물음에 해답을 얻게 되는 첫 번째 터닝 포인트Turning point가 될 것이라고는 전혀 생각하지 못했습니다. 그렇게 시작된 터닝 포인트Turning point는 내 개인의 인생이 하나님의 시간표로 들어가게 되는 계기가 되었으며, 내가 이 세상에 존재하는 이유와 내가 살아가야 할 방향을 그리스도 안에서 발견하게 되는 중요한 전환점이 되었습니다. 그리고 현재 저는 성경의 한 구절에 나오듯 밭에 감추어진 보화를 발견한 사람처럼 기뻐 뛰며 앞만 보며 제 인생의 후반전을 달려가고 있습니다.

저는 책을 쓰며 마음의 정성을 담아 최대한 진솔하고, 있는 사실 그대로를 기록에 남기고자 하는 나름대로의 원칙을 세웠습니다. 이렇게 제 인생의 터닝 포인트Turning point가 되었던 중요한 사건들을 책으로 기록하여 혹시 나 같은 고민과 방황으로 소중한 인생을 허비하고 있을지 모를 이 시대 젊은 MZ세대들에게 이 책을 바칩니다. 또한 지금도 극단적인 선택을 시도하며 생을 마감하려는 이 시대 젊은 청년들에게 아무쪼록 이 책을 통해 단 몇 명이라도 살아갈 수 있는 이유와 소망을 발견하는 터닝 포인트$_{\text{Turning point}}$가 되길 간절히 바랍니다.

　끝으로 이 책이 나오기까지 제 인생에 절대 지지와 응원을 아낌없이 해준 세 여자에게 고마움을 꼭 표현하고자 합니다. 첫째 여자는 저의 인생의 멘토이자 선생님이신 어머님이시고, 둘째 여자는 저의 반쪽인 사랑하는 아내 서영이며, 셋째 여자는 여름에 나온 열매 딸 하나입니다. 사랑하는 어머니, 아내, 딸에게 감사와 고마움의 마음을 전합니다.

part 1

먼저 그의 나라와
그의 의를 구하라

TURNING POINT

회개하라 천국이 가까이 왔느니라

2007년 3월, 그해 겨울에 벌어진 한 사건은 20대 대학생 청년이었던 내 인생을 송두리째 바꿔 놓았다. 군대를 제대하고 남들보다 늦게 들어간 대학이 어느덧 4년이란 시간이 흘렀다. 2006년 졸업을 앞둔 마지막 학기에서 진로를 위해 학교 고시실에 들어가 공무원 시험에 몰두하고 있었다.

그때 반가운 한 통의 전화가 걸려 왔다. 바로 우리 둘째 형이었다. 당시 수원에서 교회 전도사 생활을 하고 있던 둘째 형은 서로 멀리 떨어져 있어서 얼굴 보기 힘들었지만 가끔 내게 전화를 걸어 안부겸 신앙 이야기를 해주곤 했다. 아주 드물지만 교회 형제들을 동원해 내가 있는 고시실로 보내 나를 전도하려고도 했다. 형의 격려와 응원은 고마웠지만 예수님 이야기는 듣고 싶지 않았다. 예수님 이야기를 할 때마다 나는 형에게 자신의 힘으로 살 생각을 안 하고 왜 있지도 않은 신을 의지해 편하게 살려고 하는지 되묻곤 했다. 사람이 스스로 자기 힘과 노력으로 사는 게 아름답고 가치 있는 일이라고 형을 일축시켰다. 그러나 형은 나에게 계속해 복음을 전했다. 그런데 그날의 전화 속 형의 목소리는 여느 때와 달랐다. 평소와 다르게 "성한아~"하는 나지막한 목소리는 뭔가 심상치 않음을 감지할 수 있었다. 그리고 불길한 예감은 맞아떨어졌다. 아버지가 담낭암 말기 판정을 받았는데 앞으로 최대 길어야 3개월을 채 살지 못하는 시한부 판정을 받았다는 것이었다.

나는 그다음 날 아버지가 계신 병원으로 곧장 갔다. 우리 삼 형제가 다 모여 의사 선생님의 소견을 들었다. CT 촬영 영상을 보여주시면서 이미 손쓰기에는 너무 늦어 수술도 큰 의미가 없다고 했다. 의사 선생님의 소견을 다 들은 우리 삼 형제는 잠깐의 흐르는 적막을 깨고 이 사실을 언제쯤 아버지께 알려야 되는지 서로 고민하고 상의 끝에 바로 아버지에게 이 사실을 알리지 말고 시간을 두고 이야기하자는 결론을 내렸다. 그리고 아버지가 돌아가시기 전까지만이라도 부모님이 하고 있던 영등포에 있는 야채 청과물 가게에 어머니가 혼자 계시니 막내인 내가 돕는 걸로 결정했다. 그래서 나는 그 주 고시실의 책상을 빼고 짐을 싸 집으로 돌아와 어머니의 야채 청과물 가게를 새벽마다 나가 돕기 시작했다. 넉넉한 집안은 아니었지만 부모님은 시장의 가게를 통해 경제적으로 우리 삼 형제에게 부족함 없이 헌신적으로 양육시켜 주셨다. 그래서인지 우리 삼 형제는 부모님에 대한 감사와 미안한 마음을 늘 갖고 살아왔다.

아버지가 돌아가실 때까지만 어머니 곁을 지키고 아버지가 돌아가시면 다시 고시실로 복귀할 것을 생각했다. 그러나 그건 내 생각이었다. 시장에서 들리는 소문이 예사롭지 않았다. 바로 구청에서 시장을 강제 철거할 테니 기한 안에 시장 상인들은 점포를 비워 달라는 최후통첩을 받은 것이다. 시장 상인들은 비상대책위원회를 구성해서 회의를 매일 밤 열었다. 비상대책위원회에서의 회의는 삼십 년 삶의 터전이자 개인이 매매 거래까지 한 이 가게 점포는 상인들의 사적 재산임으로 강제 철거는 절대로 받아드릴 수 없는 통보이자 오히려 구청이 상인 몰래 용도변경을 해 도로 위 불법 가건물로 전락시켜 강제 철거한다는 것이 도저히 용납할 수 없는 구청의 꼼수라 생각했다. 구청이 먼저 불법을 저지른 것으로 간주해 강제 철거를 실시한다면 목숨 걸고 몸으로 막자는 결론을 내렸다. 곧바로 상인들의 자녀들은 청년회를 조직해 강제 철거 용역들과 싸울 준비에 착수했다. 새벽에 일을 시작해 낮에 장이 끝나면 점심에 구청으로 몰려가 시위를 하고, 저녁에 나가 사제 무기들을 만들고 시장 입구에 컨테이너 박스로 바리게이트를 설치해 혹시 모를 용역들의 공격에 대비해서 돌아가며 보초를 서는 일을 반복했다. 꽤 피곤한 하루하루 일상의 연속이었다. 나도 우리 부모님의 삶의 터전이자 우리 삼 형제를 뒷바라지 한 점포라 생각하니 꼭 지켜드리고 싶었다.

구청에서 예고한 강제 철거 일 D-day가 다가왔다. 우리는 불법으로 가스통으로 화염방사기를 만들고 최루 가스총을 구입하고 쇠파이프와 여러 사제 무기들을 준비해 대응 태세에 나섰다. 바리게이트 너머로는 대략 1,000명이 넘는 용역들과 구청 공무원, 경찰이 있었다. 드디어 그들이 움직이기 시작했다. 시장 입구 도로를 사전에 컨테이너 박스로 바리게이트를 설치해 완벽한 방어태세를 갖추었지만 강제 철거는 우리의 예상을 완전히 깨고 시장 중간의 점포를 포크레인으로 파괴하면서 무너진 점포 틈으로 용역들이 새까맣게 들어왔다. 곧바로 아비규환 전쟁터를 방불케 했다. 점포 위에 서로 몸을 쇠사슬로 묶고 있던 일부 상인들이 무너진 점포 밑으로 추락하면서 감당하기에는 너무 벅찬 상대들임을 직감했다. 그들은 구청에서 고용한 전문 깡패 용역들이었다. 무너진 점포 틈 사이로 수많은 용역들이 검은 옷과 마스크를 쓰고 물밀 듯이 들어왔다. 일부는 전투경찰 복창처럼 보이는 복장도 눈에 띄었다. 우리 어머니이자 아버지와 같은 시장 상인들이 젊은 용역들에게 머리채를 잡혀 끌려다니고 찢기고 매 맞는 광경을 눈앞에서 보니 도저히 참을 수 없는 분노가 치밀어 올랐다. 곳곳에서 비명과 울음소리와 매 맞는 소리가 내 고막을 찢는 듯이 울려 퍼졌다. 쇠꼬챙이에 어깨가 박힌 사람, 얼굴에 가스총을 맞은 사람, 머리가 피투성이가 되어 바닥에 쓰러진 사람, 부서진 트럭 안에 피 흘리며 신음하고 있는 사람들은 서울 한복판에서 벌어진 일이라고는 믿기 힘든 상황이었다. 우리 시장의 청년들은 서로 흩어지고 말았다. 나도 격렬한 싸움 한복판에서 다친 상인들을 부추기다 순간 점포에 있을 어머니가 생각나 빨리 우리 점포로 가보았다. 그날 비상대책위에 지침은 각상인들은 무슨 일이 있어도 점포 안을 지키며 목숨으로 사수하자고 했기 때문에 앞서 용역들이 포크레인으로 점포를 무너뜨리는 광경을 봐서는 점포 안에 계실 어머니가 걱정되었기 때문이다. 다행히 우리 점포까지는 용역이 미치지 못했고 점포 안에 어머니가 계셨다. 용역들이 아직 우리 점포까지 오지 못한 상황이었다. 시장 중간에서 무너진 점포에서는 점점 더 전쟁터를 방불케 하는 격렬한 싸움이 계속되었고 검은 연기가 치솟기 시작했다. 어머니의 안전을 확인한 나는 어머니에게 점포를 지키지 말고 빨리 이곳을 벗어나야 한다고 했다. 어머니는 내가 한 말을 듣고는 이것저것 가게 점포 안에 살림을 챙기셨다. 그러나 나는 그럴 시간이 없으니 빨리 몸을 피해야 한다고 다그치며 어머니를 끌어안고 시장과 연결된 골목 샛길로 어머니를 피신시켰다. 어머니는 나에게 가게에 내 가방이 있으니 그것을 꼭 챙기라고 하셨다. 그래서 나는 다시 시장으로 들어갔다. 우리 가게에 도착해서 보니 그사이 용역들이 들어와서 점포를 부수기 시작하고 있었다. 나는 어머니가 가져오라는 가방을 찾기 위해 우리 점포로 들어갔다. 우리 점포에 한 용역이 있었는데 내가 들어가니 놀라며 밖으로 황급히 빠져나가려 했다. 순간 나도 모르게 그 용역의 모자를 잡았다. 모자가 벗겨지자 긴 머리가 드러났다. 마스크를 벗기니 여자였다. 아니, 젊은 여자가 왜 이런 일을 하는지 의아했다.

"왜 이런 일을 하십니까?"

그냥 아르바이트 공고 보고 왔는데 이런 강제 철거인지 모르고 왔다고 한다. 나는 그 젊은 여자에게 돈 몇 푼 받자고 사람을 억울하게 만드는 일을 하지 말고 크게 다칠 수도 있으니 빨리 그만두고 나가라고 했다. 그 젊은 여자는 대꾸 없이 황급히 점포를 빠져나갔다. 이렇게 30년 시장 상인들의 삶의 터전은 단 3시간 만에 초토화되고 수백 명의 시장 상인들이 다쳐 인근 병원들의 응급실은 포화상태가 되었다. 요란하고 다급한 사이렌 소리와 함께 도착한 소방차와 구급대의 엠블런스는 부상당한 사람들을 실어 날랐고, 시장은 폐허 속에서 물대포와 포크레인으로 황망하게 정리되고 있었다. 곳곳 사람들의 억울함의 호소와 울음소리와 절규가 뒤섞여 생지옥을 방불케 했다. 내 이십 대 후반 사회 첫 경험은 이렇게 시작되었다. 그 순간 형이 말한 하나님이 생각났다. '정말 하나님이 계신 건가?' 나는 직감적으로 앞으로 내 인생은 뭔지는 모르지만 전처럼 살 수는 없을 것 같다는 느낌이 들었다. 이렇게 하나님 나라는 조금씩 조금씩 내 인생에 다가왔다.

누구든지 목마르거든
내게로 와서 마시라

강제 철거를 당한 시장 상인들이 폐허가 된 시장 점포 앞에서 떠나지 못하고 절규하는 모습을 보니 너무 억울하고 슬픈 감정을 주체할 수 없었다. 잠시 후 울고 있는 시장 상인들 앞에 한 남자가 걸어와 앞에 섰다. 그리고 그가 상인들 앞에서 크게 소리쳤다.

"아버님, 어머님 죄송합니다. 저도 먹고 살려고 했습니다. 저도 배운 게 이게 전부입니다. 그러니 억울한 만큼 저를 때려주십시오."

그 사람은 오늘 강제 철거를 맨 앞에서 진두지휘했던 용역 대장인듯한 사람이었다. 한 상인이 그 사람 앞에 나와 따귀를 내갈겼다. 그 용역 대장은 분이 풀릴 때까지 상인 모든 분들이 와서 때려도 괜찮다고 말을 이었다. 상인들이 한 명 두 명씩 나와 그 용역 대장의 얼굴을 때리고 등짝을 때리며, 때리는 사람도 울고 맞는 사람도 울고 있었다. 너무나 슬픈 광경이었다. 아마 그 용역 대장도 시장 상인들이 본인의 부모님 같이 느껴졌을 것이다. 이 광경에 만감이 교차했다. 지금 와서 생각해 보면 사실 그 용역도, 상인들도 불쌍한 건 매한가지였다. 강제 철거의 어느 지점에 있었느냐가 달랐을 뿐 상인들도, 그 용역들도 그저 가족을 위해, 자식을 위해, 열심히 돈을 벌기 위해 일했을 뿐이다. 상인들의 유일한 자랑은 자식 자랑이다. 이번에 어느 상회 자식이 서울에 있는 대학에 갔더라, 또 어느 상회 자식은 어느 기업에 취업했더라 하며 밤일로 피곤한 삶을 살아가는 상인들에게 자식의 성공은 본인들 수고의 보상과 기쁨으로 여기셨던 것이다. 그런 상인들이 하루아침에 구청의 용도변경으로 인해 도로 위 불법 가건물을 지은 범죄자로 취급받고 2등 시민처럼 전락해 헌신짝처럼 내팽개쳐져 강제 철거라는 마침표로 삶의 터전이 끝나니 허망하고 불쌍했다.

그다음 날 바로 상인들은 대책 마련을 위해 회의가 이루어졌다. 회의에서 온건파와 강경파로 나누어져 온건파는 현실적으로 구청 상대로 우리가 이길 수 없으니 구청에서 제시한 점포별 2,000~3,000만 원 생계지원비를 받고 나머지 부분은 변호사를 사서 법적 절차를 진행하자고 했고, 강경파는 그 돈을 받는 즉시 우리 보상은 끝나므로 최소한 잃어버린 가게 점포당 현 시세 매매가격이 보상되어야 하고 미래의 영업 피해액까지 충분한 보상을 받을 때까지 계속 투쟁해야 한다고 했다. 상인들 여론은 강경파 쪽으로 기울어졌다. 나 역시 강경파에 힘을 실어줬다. 대학에서 법학을 전공한 나였지만 현실의 법은 너무 멀게만 느껴졌다. 법도 돈이 있는 사람에 의해 만들어지고 그들을 위해 존재하는 것처럼 이론과 현실의 괴리는 너무나도 갭이 크게 느껴졌다. 막상 강제 철거라는 현실 앞에 서니 법은 약자에게 너무 많은 것을 요구하고 있었다. 법은 우리가 목에 걸기에는 어울리지 않은 사치스러운 보석 목걸이와 같았다. 나는 강경파의 주장에서 더 나아가 우리가 아픈 만큼 돌려주어야 된다고 했다. 어쩌면 나는 더 급진적 강경파가 되어 보상보다 테러를 감행해야 된다고 생각했을지 모르겠다. 그래야 상인들과 우리 부모님의 억울함이 조금이나마 풀 수 있다고 생각했기 때문이다.

    우리는 매일 모여 회의를 진행하고 낮에 구청에 몰려가 시위를 이어갔다. 투쟁이 길어져 서로 지쳐갈 때쯤 상인들 안에 이상한 소문이 돌기 시작했다. 온건파 사람들이 구청에 제시한 보상을 받기 시작했다는 것이다. 그들이 구청에 매수당했다는 소문이 났다. 진위여부를 확인할 순 없으나 우리는 서로를 믿지 못하고 의심하기 시작했다. 내부 분열이 일어나기 시작하자 상인들끼리 서로 비난했다. 점점 강경파 사람들도 지쳐 온건파로 돌아서 그나마 구청이 제시한 생계지원비를 받아 가는 쪽으로 여론이 돌아서고 있었다. 우리가 할 수 있는 것은 아무것도 없었다. 너무나 무기력한 시장 상인과 내 모습은 그냥 보도블록 사이에 피어있는 잡초와 같이 하찮은 존재처럼 느껴졌다. 아무나 짓밟고 가도 힘없이 밟히는 무기력한 잡초 꼭 그 모습이었다. 나의 마음은 점점 더 병들어 가고 생각도 점점 더 삐뚤어져 갔다. 아프고 슬픈 마음을 감당하기에 아직 준비되어 있지 않은 내 감정은 분노로 표출되었다. 아침에 일어나면 맨 정신인 게 너무 싫어 다시 또 잠을 청하고 낮에 느지막하게 일어나 시장 청년들과 어울리고 밤에는 술로 길거리를 배회하며 분노의 혈기를 표출했다. 마치 지킬박사와 하이드처럼 무엇이 선이고 악인지 내 스스로 판단하고, 밤에는 심판자처럼 지나가는 사람들을 판단하며 시비를 걸었다. 매일 밤 술로 지새우며 밤마다 싸우러 나갔다. 술에 취해 길거리에 많은 인파가 모인 곳을 찾아 몸을 부딪치며 누가 싸움을 걸어 주길 바랐다. 그러다 시비가 붙으면 죽을 각오로 싸웠다. 점점 반사회적 성향으로 바뀌어 가는 내 마음은 병들어 가고 있었다. 아프고 슬픈 마음을 주체할 길이 없었다. 주변에 지인들과 친구들도 나를 점점 더 멀리하기 시작했다.

어느 날, 친구 한 명을 불러 바에서 술을 잔뜩 시켜 먹고 취해 정처 없이 둘이 번화가를 배회했다. 친구는 나를 매우 걱정해 그저 내 비위를 맞춰주기에만 급급했다. 그때 한 무리와 친구가 어깨를 부딪쳤다. 그 무리는 어림잡아 7명쯤 되었다. 나는 잘되었다는 심정으로 싸움판을 벌이고 싶었다. 그때 상대방이 내 친구 얼굴에 주먹을 날렸다. 내 친구는 그 자리에서 쓰러졌다. 곧바로 그들은 타깃을 나에게로 돌렸다. 두 명이 나에게로 주먹과 발로 차며 달려들 때 그 중 한 명의 팔을 잡아 순간 어깨로 메 바로 앞 노상 가판대로 냅다 꽂았다(당시 영등포 번화가에는 길에 노점으로 양주와 담

금주를 파는 가판대가 여럿 있었다). 유도를 배운 적은 없었지만 본능적으로 유도기술이 나왔다. 순간 술로 진열된 가판대에 술병들은 "와장창" 작살이 나고 큰길에 술 냄새가 진동을 했다. 나는 격렬하게 싸웠다. 술에 취해 맞아도 감각이 느껴지지 않았다. 그 일대가 아비규환이 되었다. 곧바로 여럿이 날 덮쳤고 쓰러진 나는 엎어져 두 팔로 머리를 감싸며 맞고 있었다. 그들이 나를 발로 밟아도 아프진 않았지만 숨을 쉴 수가 없었다. 몰매를 맞다 죽는 것은 아파서 죽는 게 아니라 숨을 쉴 수 없어서 질식해서 죽는다는 것을 그때 알았다. 숨 쉴 틈을 주지 않았다. 곧 죽을 것 같은 마음이 들었다. 의식을 잃었다. 얼마가 지나 눈이 희미하게 떠졌다. 몸은 흔들리고 있었고 주변에 사람들이 지켜보고 있었다. 한 남자가 나에게 말을 걸었다.

"학생! 내 말 들려요. 움직이지 마세요."
"아저씨! 여기 어디예요?"
"119구급차예요. 지금 병원에 빨리 가야 해요."

옆에 친구가 아직 의식을 잃은 채 누워 있었다. 순간 친구가 걱정이 되어 친구를 흔들어 깨웠다. 친구가 눈을 떴다. 나하고 똑같은 말을 했다.

"성한아! 여기가 어디야?"
"구급차야."

순간 우리가 병원에 가면 아버지와 어머니가 걱정할 생각을 하니 몸을 움직일 수 있을 때 일단 여기서 내려야 된다고 생각했다. 그래서 구급대 아저씨에게 여기서 내려달라고 했다. 119구급대원들은 안 된다고, 일단 병원으로 먼저 가야 한다고 했다. 나는 구급차 안에서 내려 달라고 구급차 벽을 주먹으로 치며 난동을 부렸다. 구급대원들은 놀라서 도로에서 차를 세웠다. 그리고 우리는 차에서 내렸다. 내린 곳은 칼바람이 부는 마포대교 위였고 순간 너무 추워 내린 것을 후회했다. 친구가 여기서 얼마 떨어지지 않은 곳이 자신의 형 집이니 거기까지 걸어가자고 제안했다. 우리는 친구 형 집에 몰래 들어가 바로 아무 일 없다는 듯이 누웠다. 술이 깨서 그런지 온몸이 아팠다. 특히 오른손과 팔이 통증이 너무 심해 잠을 잘 수가 없었다. 너무 아파 진통제를 먹었으나 통증은 진정되지 않았다.

다음날 내 오른손과 팔이 통통 부어 오전에 병원으로 갔다. 엑스레이 결과 오른쪽 손등이 일자로 부러졌고, 엄지손가락 뼈가 조각이 났다고 했다. 곧바로 수술하자고 해서 나는 바로 입원을 하고 수술을 받기로 했다. 큰형이 소식을 듣고 입원실에 왔다. 전에는 형들이 날 위해 기도해준다고 할 때마다 기도 받기를 거부했다. 기도는 나약한 사람들이나 받는 것이라고 생각했기 때문이다. 그러나 그날 난생처음으로 큰형의 기도를 받았다. 뭔지는 모르지만 마음 한구석이 진정되는 느낌이었다. 곧이어 수술실로 들어갔다. 마취를 하고 곧 오른손에 드릴로 핀을 박기 시작했다. 핀이 드릴로 뼈에 들어가는 순간 너무 고통스러워 고함을 질렀다(예수님이 십자가에서 손에 못 박힘이 이런 고통일까?). 수술하는 집도의가 당황했다.

"선생님! 너무 아파요."

드릴로 핀을 손등에 박아 뼈를 고정시키는 수술이었다. 의사 선생님은 고통이 느껴지면 미안하지만 전신마취를 하자고 했다. 그때 갑자기 '전신마취하고 깨어나지 못하면 어떡하지! 내가 죽으면 천국 갈 수 있을까!' 하는 생각이 들었다. 신을 믿지 않는데도 본능적으로 죽음 후가 걱정이 되었다. 의료진들이 전신마취 준비를 하는 중에 '어디서부터 잘못된 걸까!' 하는 생각에 너무 서러웠다. 불과 몇 개월 전까지만 해도 착실하게 고시실에서 공부하던 내가 무엇이 잘못되어 여기까지 온 건지 아무리 생각해도 알 수가 없었다. 서러워 눈물이 났다. 이것이 내 인생에 신이 준 벌이라면 아무리 생각해도 벌 받을 만한 이유를 찾지 못했다. 아무리 생각하고 또 생각해도 내 잘못은 없다고 생각했다. 수술대에 누워 하염없이 눈물만 흘렸다. 곧이어 마취를 하자 눈이 감겼다. 오른손에 핀을 4개를 박고 깁스를 하고 얼마 후 퇴원을 했다. 의사 선생님은 뼈가 다 붙을 때까지 3개월가량 깁스를 해야 한다고 하며 당분간 술을 절대로 먹으면 안 된다고 하셨다. 그러나 나는 아랑곳 하지 않고 술을 마셨다. 도저히 맨정신으로 지낼 수 없었다.

하루는 어머니가 다시 장사를 한다는 이야기를 듣고 다시 시장으로 갔다. 우리 어머니는 시장에서 평생 고생하셨지만 지금 생각해 보면 참으로 현명하신 분이셨다. 가건물이 철거될 걸 대비해 가건물 반대편에 또 하나의 가게를 얻어 놓으셨다. 어머니는 거기서 장사를 계속 이어가셨다. 그게 못마땅해 장사를 그만두게 하려고 어머니에게 행패를 부리며 장사를 방해했다. 그럴 때마다 본마음이 아니었기 때문에 마음이 무너져 내렸지만 장사를 계속하시게 하고 싶지는 않았다. 하지만 아픈 아버지 병원비와 생계를 위해서는 딱히 다른 일을 찾아 나설 수도 없는 상황인 걸 잘 알고 있었다. 어느 날, 전도사인 작은형에게서 오늘 집에 갈 테니 시간 되면 보자고 전화가 왔다. 형이 날 만나자고 하는 건 예수님의 이야기인 걸 알고 있기 때문에 만나고 싶지 않았다. 그런데 그날 형은 이상하게 좀 강경한 어투로 내게 말했다.

"성한아! 형이 집에서 기다릴게. 오늘은 꼭 만나자. 형이 기도할게~"

나는 확실하지 않으니 장담할 수 없다고 했다. 그날도 어머니한테 행패를 부린 날이라 더욱이 형에게 갈 마음이 없었다. 그날 저녁 늘 지나던 교회에서 항상 보던 LED 전광판에 슬라이드로 지나가는 "누구든지 목마르거든 내게 와서 마시라"하는 성경 구절이 눈에 들어왔다. 그 전광판을 그날 처음 본 것이 아니라 늘 옆을 지나가면서 보아왔던 전광판이었지만 내용은 그날 처음 눈에 들어왔다. 그런데 전광판에 성경 구절을 보면서 나도 모를 목마름이 느껴졌다. 한참을 그 앞에 서서 무슨 뜻인지 생각에 잠겼다. '도대체 목이 마른데 왜 교회에 가서 물을 마셔야 되나! 이게 무슨 뜻일까! 물은 집에도 있고 아무 때나 편의점에 가면 살 수 있는데 교회에서 물을 마셔야 하는 이유가 무엇일까!' 순간 물이 없어 목마른 게 아니라는 생각이 들었다. 내 마음속 심연 깊은 곳에 있는 채워지지 않은 영혼의 목마름이었다. 그 순간에 집에서 기다리고 있는 작은형이 생각났다. 왠지 모르게 형을 만나 봐야겠다는 생각이 들었다. 지금 생각해 보면 그 선택이 내 인생 최고의 선택이었다. 나는 형을 만나러 집으로 가는 버스에 몸을 실었다.

먼저 그의 나라와 그의 의를 구하라

 집 문을 열고 안으로 들어섰다. 당시를 회상하면 알 수 없는 긴장감을 꽤 크게 느끼고 있었다. 이 문을 열고 들어가면 왠지 모를 다른 세계가 내 앞에 펼쳐질 것 같은 느낌은 지금도 생생하다. 거실 소파에서 내려와 무릎 꿇고 기도하는 형의 모습이 눈에 들어왔다. 인기척 소리를 내어 기도하고 있는 형에게 내가 왔음을 알렸다. 형은 의미심장한 얼굴로 내가 오기를 기다렸다는 듯이 나의 안부를 묻고 일상적인 이야기를 잠깐 나누다가 본론인 예수님의 십자가 복음을 전하기 시작했다. 그리고 곧이어 예수님을 구주로 영접하는 기도를 하겠냐고 물었다. 형의 갑작스러운 제안에 나는 생각할 시간이 필요했다. 왜냐하면 28년 동안 신을 부정하며 살아왔는데 지금 이것을 인정하면 내가 지나온 삶을 부정해야 했기 때문이다. 신을 믿는다는 것은 나에게 큰 용단이 필요했다. 내가 지금껏 잘못 살고 틀렸다는 것을 인정해야 하는 것이나 마찬가지였으므로 이 부분에 대한 정리가 필요했다. 마음으로 갈등이 계속되어 선뜻 받아들이기가 쉽지 않았다. 마음의 충돌이 일어났다. 신을 인정해야 한다는 것에 심한 내적 갈등이 되었다. 계속 정적이 흐르며 고민했다. 눈을 감고 기도하며 내 대답을 기다리고 있는 형의 모습은 진지했다. 사실 난 표현은 안 했지만 형이 고등학교 때 교회 다니면서 변화되는 것을 보아왔다. 그때는 종교에 광적으로 빠졌다고 생각했다. 우리 집은 기독교와는 거리가 먼 전통적인 유교 집안으로 제사를 가장 중요한 일로 여기며 살았기 때문에 명절이나 할아버지 기일에는 온 가족과 친척들이 모여 차례와 제사를 정성껏 드렸다. 형이 교회 다니고 나서부터 우리 집안은 제삿날 때마다 늘 화약고 같았다. 아버지와 작은형이 충돌했기 때문이다. 할아버지 기일이던 어느 날, 제사상 앞에 절을 하지 않고 뻣뻣이 서 있는 작은형의 행동에 이번엔 아버지도 결심한 듯 그동안 참고 있었던 마음을 표출하셨다.

"경용아! 너 왜 절 안 하냐?"
"아버지! 저 하나님 믿어요. 그래서 저는 절을 할 수가 없습니다."

아버지의 묻는 말에 작은형의 대답은 아버지의 분노를 폭발시켰고 드디어 그동안 참아 왔던 화산이 폭발했다. 아버지는 바깥으로 나가 강목을 들고 와서 작은형을 내리치며 구타하기 시작했다. 그 모습을 차마 그대로 보고 있지 못한 어머니는 작은형을 감싸 안으며 차라리 날 때리라고 막아섰다. 도저히 눈 뜨고 볼 수 없는 광경이었다. 그때 작은형은 어머니가 다칠까 봐 밀어내고 아버지가 때리는 대로 그대로 맞으며 말했다. 아직도 생생하다.

"어머니! 저 괜찮아요. 아버지가 저를 사랑해서 때리는 거예요. 막지 마세요."

그리고 작은형은 아버지를 끌어안았다. 죽은 사람을 위해 길이는 제삿날이 살아있는 사람의 제삿날이 될 것 같았다. 할아버지 제삿날은 온 집안이 초토화되고 아버지는 조상을 모르는 자식은 죽어도 된다고 하면서 형에 대한 분노를 좀처럼 가라앉히지 못하시고 형을 일방적으로 구타했다. 삼촌들과 친척들은 작은형을 설득했다.

"요즘은 교회 다녀도 절도하고 하던데 절한다고 해서 하나님을 배신하는 거 아니니까 그냥 절해라."

고모부가 작은형에게 설득에 나섰지만 작은형은 하나님께 진심이었고 그 뜻을 굽히지 않았다. 그렇게 우리 집안은 작은형에 의해 복음이 들어왔고 우리 집안에 조금씩 조금씩 하나님 나라가 임하기 시작했다. 그런 작은형으로 인해 우리 집안은 분명 변화가 일어나고 있었다. 그리고 결정적으로 아버지가 작은형의 신앙을 인정하는 계기가 있었다. 정말 신기했다. 학업성적이 그다지 좋지 못해 항상 중하위권에 맴돌던 작은형은 어느 날, 1, 2등을 했다. 처음엔 커닝 아니면 우연일 거라고 생각했지만 거의 고3 1년 내내 성적을 유지하는 걸 보고 결국 아버지도 작은형의 신앙을 인정하게 되고 교회에 출석하는 것을 문제 삼지 않으셨다. 작은형에 의해 변화가 일어난 것이다. 형의 진지한 신앙을 통해 아버지의 마음도 변화가 일어났던 것이다. 급기야 작은형은 큰형을 전도했고 둘은 같은 교회에 다녔다. 그리고 제삿날은 어김없이 찾아왔다. 이제 두 형 다 절을 안 하는 믿을 수 없는 광경이 내 눈앞에 펼쳐졌다. 큰형, 작은형 둘 다 절을 안 하는 광경은 나에게는 정말 충격 그 자체였다. 이제 형들 모두 광신도가 되었다는 생각이 들었다. 그 후로도 작은형은 상위권의 성적을 계속 유지하며 아버지를 기쁘게 해드리려고 최선을 다해 애썼고 말투나 행동도 바뀌기 시작했다. 변화된 작은형을 보면서 아버지도 작은형에 대한 기대가 날로 커지며 절하지 않는 것에 문제 삼지 않으시는 상상할 수 없는 엄청난 변화가 일어났던 것이다. 이러다 제사 자체가 없어질 수도 있다는 생각이 들었다. 그리고 그 생각은 몇 년 후 현실이 되었다.

큰형도 작은형과 함께 교회에 나가기 시작하면서 집안 분위기는 더욱더 달라지고 형들 모두 제사 때 절을 하지 않았다. 큰형은 공부를 원래 잘해 늘 반에서 1등을 했기에 절하지 않는 것에 대한 트러블은 크게 없었다. 문제는 나였다. 나는 공부에 소질이 없었다. 그때는 사실 나라도 아버지를 지켜드려야겠다는 효심의 마음이 있었지만 형들처럼 공부를 잘할 자신이 없어 그냥 편하게 가고 싶은 마음에 제사 때 절을 하는 쪽으로 결정을 내렸던 것이다. 그런 형의 진심을 지난날의 삶을 통해 알고 있었기 때문에 내심 오늘은 형의 그 진지한 신앙을 받아들이고 싶었다. 형의 믿음이 현실을 변화시키는 능력이 있다면 '그래, 나도 한번 형이 하자는 대로 해보자.' 하는 생각에 형이 제안한 대로 예수님을 구주로 영접하는 기도를 따라 고백했다. 막상 예수님을 구주로 영접하는 고백 기도를 하고 나니 패배했다는 마음보다 편안함을 느꼈다. 딱히 내 삶의 대안도 없었고 그렇다고 해서 지금 이대로 계속 똑같은 방법으로 살 자신도 없었다. 인정하고 싶지 않았지만, 지난날의 28년의 내 삶이 실패였다고 인정했다. 완전히 영적 파산 상태였고 무장해제 당한 패잔병 같았지만, 마음 한구석은 왠지 모를 소망이 느껴졌다.

그동안 기도해 준 형이 고맙기도 하고 미안하기도 했다. 사실 예수님 믿는 형들을 무시했었다. 그러나 형들이 맞았고 내가 틀렸다. 나는 내 삶의 방법과 내 가치관의 인식 체계의 오류가 있다는 것을 받아들였다. 인생을 계획한 것이 10가지라면 그중에 한두 가지라도 이루는 것은 너무나 어려운 일이라는 것을 깨달았다. 문제는 바로 나한테 있었다. 내가 변해야 했었다. 모든 문제를 세상 탓, 사회구조 탓, 제도 탓, 가정 탓이라 여겼던 내 생각이 병들었고 마음에 문제가 있었다는 것을 깨달았다. 이것을 바로 인식하는데 강제 철거라는 강력한 사건이 내 인생에 필요했던 것이었다. 가장 절망적인 상황이 가장 축복된 길이라는 것을 지금에서야 깨달았다. 인생 새옹지마라고 했던가! 인생은 끝까지 가봐야 알 수 있는 것이다. 강제 철거를 통해 예수님을 만났고 그것이 내 일생의 최고의 선택이 되었다. 내 스스로 예수님을 선택할 선한 의지가 없었기에 하나님께서 내 인생에 개입하셔서 강제 철거를 통해 찾아오신 것이다. 하나님께서 나를 통해 하실 일이 있다는 것을 확신한다. 모든 사건에는 우연이 없다. 만약 그렇게 찾아오시지 않으셨으면 나는 어딘가 어두운 길에서 객사했을지도 모른다.

형을 통해 예수님을 구주로 영접했지만 그렇다고 해서 나의 삶이 극적으로 바로 변하지는 않았다. 계속 놈팽이처럼 마땅히 하는 일 없이 밥만 축내며 계속 술에 취해 지냈다. 다시 공부를 하고 싶은 마음도 없었다. 그러던 어느 날, 작은형한테 전화가 왔다. 예수님을 구주로 영접하고 처음으로 온 전화였다. 형은 나에게 안부를 묻더니 곧이어 집에서 가까운 교회를 소개해 줄 테니 교회에 다녀볼 것을 권했다. 나는 그다음 주 형이 소개해 준 신촌 한 교회의 주일 예배에 참석했다. 뒷자리 한구석에 앉아 잠시 교회 분위기를 살피며 '내가 교회 예배를 다 오다니! 김성한, 지금 제정신이니? 어떻게 하다 내가 여기까지 왔니?' 하며 형을 생각해서 한 번만 있기로 하고 스스로 정신을 차리려고 애썼다. 그러나 그 한 번이 평생 교회에 나가게 될 줄은 꿈에도 몰랐다. 찬양이 시작되었다. 찬양 가사는 지금도 잊을 수 없다.

> 슬픔 마음 있는 사람 예수 이름 믿으면
> 영원토록 변함없는 기쁜 마음 얻으리
> 예수의 이름은 세상의 소망이요
> 예수의 이름은 천국의 기쁨일세~

찬양이 흘러나오는 순간 눈물이 주루룩 흘러나왔다. 태어나서 처음으로 누군가에게 용납받았다는 감정을 느꼈다. 정말 신기했다. 어떻게 노래 한 곡이 나한테 콕 집어 속삭이는 것처럼 말하는지 그날 감동을 아직도 잊지 못한다. 항상 나 자신을 보호하고 강하게 살아야 한다고 생각했는데 뭔가 거대하고 배포가 큰 누군가가 나를 확 끌어안고 용납해 준다는 느낌을 받았다. 그래서인지 이 찬양은 내 평생에 가장 좋아하는 찬양이 되었다. 그렇게 교회에 시간이 날 때마다 나갔다. 딱히 예배가 없어도 교회에 나가 성경책을 읽었다. 그러나 성경이 믿어지는 것은 아니었다. 성경의 이야기는 신화 같은 이야기로 우리 삶의 교훈을 주는 이야기일 뿐 예수님의 기적을 실제로 받아들이지는 않았다. 하지만 집에 있을 때나 교회 있을 때 성경을 늘 읽었다. 구약에 신화 같은 이야기를 빼고 잠언 같은 이야기는 좋은 교훈의 글이라 생각했기 때문이다.

그 무렵 나는 진로에 대해 고민이 많았다. 이렇게 놈팽이처럼 계속 아무 일도 하지 않고 밥만 축낼 수는 없었다. 무엇이라도 해야겠다는 고민을 하고 있었던 것이다. 다시 고시실로 돌아가 공부를 할지 아니면 취업을 할지 고민하던 어느 날, 교회에 외국에서 한 강사분이 오셨다. 그 강사분은 설교를 마치고 기도 받으실 청년들은 강대상 앞으로 나오라고 했다. 나는 잠시 망설이다가 다른 사람들이 앞으로 나갈 때 따라 나갔다. 그 강사분이 내 앞으로 와 말했다.

"형제님! 앞에 일을 두고 갈등하고 고민하는 모습이 보이는데 먼저 그의 나라와 그의 의를 구하십시오. 그러면 나머지는 하나님께서 더하실 것입니다."

강사님은 이렇게 말씀하시고 내 머리에 손을 얹고 안수기도를 해주셨다. 나는 기도를 다 받고 나서 그의 나라와 그의 의가 무엇인지 궁금했다. 그것을 어떻게 구하라는 것인지 너무 아리송했다. 교회 한 형이 나한테 와서 물었다.

"성한아! 목사님께서 뭐라고 말씀해 주셨니?"
"그의 나라와 그의 의를 구하라는데 그게 무슨 뜻인가요?"

형은 마태복음 6장 33절을 찾아서 읽어 보라고 했다. 그날 저녁 집에 가서 성경 마태복음 6장 33절을 찾아보았다. 앞뒤 구절을 더 찾아 읽어 보니 그의 나라와 의를 구하는 것은 먹는 것, 입는 것, 자는 것 걱정하지 말라는 것으로 대충 이해되었다. 입는 것, 자는 것, 먹는 것 다 해결해 주면 좋은 건데 그의 나라와 의를 구하지 않을 이유가 없었다. '그의 나라와 의를 구하는 게 뭐지? 어떻게 하면 구하는 걸까?'에 포커스를 맞춰 생각하고 또 생각했다. 내가 직업을 선택할 때 교회에 잘 나갈 수 있는 직업을 택해야겠다는 단순한 마음도 들었다. 그게 하나님 나라와 의를 먼저 선택하는 것이라고 심플하게 정리했다. 공무원 준비를 위해 다시 고시실에 들어가면 일요일 날 교회에 나갈 수 없기 때문에 '교회 가고 싶을 때

갈 수 있는 직업이 뭘까!' 생각하다 단순하게 그냥 자영업을 해 사장이 되어 교회에 언제든 갈 수 있는 스케줄을 정해야겠다고 생각했다. 정말 신기하게도 그런 단순한 생각이 들었다. 교회를 마음대로 가고 싶을 때 갈 수 있는 직업을 택하는 것이 하나님 나라와 의를 이루는 것이라고 스스로의 생각에 납득이 되었다. 그리고 마음속에 알 수 없는 소망이 생기며 뭔가 수수께끼 정답을 푼 듯한 흐뭇한 기분이 들었다. 더 이상 이렇게 무기력하게 시간을 보내고 싶지 않아 적극적으로 일을 찾아보기로 했다. 그때 어머니가 생각이 났다. 어머니가 강제 철거당하고 미리 준비해둔 반대편 가게가 생각난 것이다. 나는 어머니가 계시는 가게에 찾아가 마음 먹은 것을 말하기로 했다. 오후 4시쯤 어머니 가게로 갔다. 어머니의 모습을 보니 또다시 마음이 아팠다. 계속 장사를 하고 계시는 모습을 보니 나라도 어머니를 돕고 싶었다. 그리고 곧이어 나는 어머니께 너스레 물었다.

"엄마, 나 엄마랑 장사하면 월급 얼마 줄 거야?"

너희가 내 안에 거하고
내 말이 너희 안에 거하면

어머니는 어리둥절하시면서 내가 진심인지 하는 눈빛으로 말을 건넸다.

"밤잠 못 자고 하는 일을 내가 할 수 있겠니? 너도 알다시피 쉬운 일이 아니다."

나는 솔직하게 내 마음을 어머니께 전했다.

"내 마음이 변했어! 엄마! 한번 해볼게. 월급은 얼마 줄 거야?"
"월급은 없다. 그냥 네가 벌어서 네가 가지렴."

어머니의 대답은 간단했다. 내가 부모님의 가업을 이어받을 것이라고는 상상해 본 적이 없었다. 계절이 바뀌어 추운 겨울이 지나 얼었던 땅이 녹아 푸른 싹이 돋듯이 그렇게 내 마음도 변하고 있었다. 다음날 어머니와 새벽 택시를 타고 시장으로 나갔다. 나의 첫 업무는 당시 양파껍질을 벗겨 깐 양파를 10kg씩 자루에 담는 일과 감자껍질을 벗겨 거래처 식당에 납품하는 일이었다. 이것이 28살 나의 첫 직장의 업무였다. 그 주 교회에 나가 교회 형제들에게 나도 첫 직장을 가지게 되었고 시장에서 어머니와 함께 일하기로 했다고 말했다. 교회 식구들이 진심 어린 축하와 격려를 해 주었다. 사실 교회 식구들의 기도 제목이 내가 직장을 갖고 성실히 사는 것이었다. 어떻게 보면 우리 교회 형제들의 기도 제목이 이루어진 것이다. 내 인생에서 계획했던 나의 직장 모습은 아니었지만 땀 흘려서 일해 버는 돈의 소중함을 처음 느끼게 되었다.

어느 주일에 교회에서 리더의 권유로 드디어 처음으로 성경 공부를 시작하게 되었다. 성경 공부는 1대 1로 진행되었다. 매주 성경 공부하면서 갈등이 생겼다. 왜냐하면 창세기부터 모든 내용이 전부 신화 같고, 사실이라고 믿기에는 허무맹랑했기 때문이다. 아담과 하와가 선악과를 먹어 에덴 동산에서 쫓겨난 이야기, 노아가 방주를 만들어 전 세계 동물들이 들어간 이야기, 바벨탑을 쌓아 언어가 나눠진 이야기 등 전부 우리나라 고조선의 환웅과 같은 신화 같았다. 나는 리더 형에게 물었다.

"성경의 이야기가 신화지 진짜 사실은 아닌 거죠?"
"아니. 성한아! 성경의 이야기는 진짜야. 전부 사실이야!"
"노아가 방주를 만들어 동물을 태웠다는 것은 그냥 설화이지 진짜로 그 방주에 동물들을 종류별로 한 쌍씩 어떻게 태울 수 있다는 말입니까? 그러면 공룡은 어느 시대에 살았단 말입니까?"

성경 이야기는 너무 맹목적이라고 생각한 나의 질문에 그 형이 난감해했다. 우리는 그렇게 매주 성경 공부 시간마다 부딪혔다. 그리고 그 형은 급기야 교회 전도사님에게 이제 내 성경 공부는 그만하겠다고 했다. 전도사님께서 나에게 물었다.

"무엇이 그렇게 받아들이기 어렵니?"
"전도사님! 우리가 단군신화를 읽을 때 곰이 마늘을 먹어 사람이 되었다는 이야기를 신화로 알고 있지 실제로 그렇게 됐다고 믿지는 않잖아요. 그런데 에덴 동산에서 선악을 알게 하는 나무 열매를 먹어 에덴 동산에서 쫓겨난 인간의 이야기나, 방주에 모든 동물이 들어간 후, 대홍수가 발생해 지구가 물에 잠긴 이야기를 어떻게 진짜로 믿어요? 교회에서 거짓말하면 안 되죠. 그런데 어떻게 그 형은 그런 이야기가 진짜라고 저한테 이야기할 수 있단 말입니까? 저를 너무 우습게 여기는 거 아닙니까? 저도 대학 나왔습니다."

내가 논리를 앞세워 말했더니 전도사님께서 이렇게 대답하셨다. 당시 전도사님은 현직 대학 물리학 교수님이셨다.

"성한아! 과학에서도 처음에는 가설로 시작한다. 진화론에 단

세포가 물고기가 되어 그 물고기가 밖으로 나와 걸어 다니며 원숭이가 되어 다시 인간이되었다는 진화론도 아무도 본 사람이 없다. 다만 가설의 바탕으로 그 가설은 믿음에서 시작된다. 그리고 성경도 마찬가지다. 아무도 하나님이 인간을 창조했다고 본 사람은 없다. 다만 우리는 성경을 믿음으로 받아들이고 시작한다. 나는 과학자다. 어차피 진화론도 아무도 본 사람이 없고, 창조론도 본사람이 없이 둘 다 시작을 믿음으로 시작한다면 난 하나님이 인간을 창조했다는 것을 믿기로 선택했다."

전도사님의 말씀에 일리가 있다고 생각했다. 전도사님 말씀에 나는 설득되었다. 그날 저녁 진심으로 하나님이 계시다면 나도 교회 다른 사람들처럼 믿게 해달라고 기도했다. 어쩌면 내가 교회 형에게 했던 논쟁은 성경의 내용이 진짜이고 믿고 싶은데 믿어지지 않은 나의 영혼의 외침이었는지도 모른다.

그러던 어느 날, 내 인생을 송두리째 뒤바꾼 꿈을 꾸었다. 꿈에서 나는 집 앞에 문을 바라보고 있었다. 문이 열리더니 아주 작은 불빛이 보였고 그 빛이 점점 강한 빛으로 커졌다. 그 순간 생전 처음 들어보는 엄청난 웅장한 합창단 소리가 들렸다. 잘은 모르겠지만 과장해서 말하면 한 10만 명쯤 모여서 부르는 것 같은 웅장함이었다. 고막이 찢어질 것만 같았다. 너무 크고 웅장한 합창단 소리에 무서워 몸을 움츠렸다. 또한 처음 본 그 빛은 더욱더 커지고 밝아지더니 내 앞으로 다가왔다. 그 빛을 바로보기에는 너무 강렬해 내 안구가 녹을 것만 같았다. 너무 무서워서 그대로 바닥에 무릎을 꿇고 살려달라고 애원했다. 엄청난 합창단 소리의 배경으로 나타난 처음 본 그 강렬한 빛은 꿈에서 직감적으로 하나님인 걸 알았다. 나는 눈물을 흘리며 고개를 숙이고 살려달라고 애원했다. 잘못 살았다고 변명하거나 설명할 수 없었다. 그냥 내 존재 자체가 다 죄라는 것이 느껴졌다. 한참을 울며 고개를 천천히 들었는데 그 빛을 바라볼 수 있었다. 그 빛은 커졌다 작아졌다를 반복했고 살아있는 것 같았다. 날 해치지 않을 것 같았고, 빛이었지만 사람처럼 인격이 있다는 것이 느껴졌다. 정말 초자연적인 체험이었다.

꿈에서 깨어 한참을 더 울었다. 흘린 눈물로 베개가 흥건하게 젖었다. 지난 시간 배웠던 창세기 성경 공부의 내용들이 다 믿어졌다. 어떻게 믿어졌는지 설명은 못하겠지만 꿈에서 만난 그 강력한 분이라면 천지를 6일 만에 만들고도 남을 것이라고 이해되었다. 그분이라면 세상을 물로 심판하실 수 있다는 것이 또한 믿어졌다. 성경 전체가 믿어졌다. 너무 신기했다. 극적이었고 너무 기뻤다. 성경의 모든 글자 토시 하나하나가 다 믿어지고 성경 말씀이 살아 숨을 쉬는 것 같았다. 매일매일 성경을 읽으며 눈물이 마르지 않았다. 그냥 믿어지는 정도가 아니라 성경의 말씀 때문에 죽을 수도 있을 것 같은 감동이 밀려왔다. 성경이 믿어지는 내 영혼의 큰 변화의 기쁜 감정을 나는 지금도 잊지 못한다.

하지만 현실은 변함이 없었다. 새벽에 나가 가게 물건을 진열하고, 손수레로 배달한 뒤 다시 아침이 되면 양파와 감자껍질을 벗기고 점심에 각 거래처 주방에 배달하고 나면 하루가 어떻게 가는지 모르게 시간이 빨리 갔다. 그럼에도 불구하고 성경 읽기는 나의 하루일과 중에 가장 기쁘고 행복한 시간이었다. 성경 말씀이 무슨 뜻인지 정확히는 몰랐지만, 성경을 볼 때마다 감격의 눈물이 멈추질 않았고 마음에 원함과 모든 문제의 답이 성경에 있다는 것이 믿어졌다. 시간이 많이 있고 여유롭다고 해서 성경을 많이 읽는 것은 아닌 것 같다. 눈에 보이지 않는 하나님이 성경 말씀을 통해 내게 말을 거는 것만 같았다. 내가 육체적으로 가장 피곤했던 그 당시가 내 삶에서 성경을 가장 많이 보았던 시기이다.

매번 중요한 인생의 결정적 시기마다 하나님께서는 성경 말씀으로 나를 인도하셨다. "먼저 그의 나라와 그의 의를 구하라"라는 마태복음 성경 구절이 하나님이 나에게 주신 첫 번째 말씀이라고 생각했기 때문에, 그다음도 하나님께서 날 인도하실 때 성경 말씀으로 인도해 주실 것을 믿고 하나님의 다음 명령을 듣고 싶어 성경을 보았다. 그 말씀 때문에 내가 교회 다닐 수 있는 직업으로 어머니와 함께 시장에서 일을 택했으니, 그다음 지시를 성경 말씀에서 또 알려주실 것이라는 단순하고 순수한 마음과 갈급함이 매일 성경을 읽게 했다. 매일 그렇게 보물 찾듯이 성경을 읽었다. 성경을 읽다가 녹초가 되어 잠이 들고, 또 새벽에 일어나 시장에서 물건을 팔고 양파와 감자껍질을 벗기고, 다시 성경을 읽고 한참을 그렇게 지냈다.

현실이 극적으로 바로 바뀌지 않아도 매일 양파 까는 일에 전심을 다 해야 했다. 그 당시 시세에 양파는 1kg에 300원 이윤이 붙었다. 10kg으로 한 자루 까면 3,000원의 소득이 생긴다. 그렇게 10자루 만들면 30,000원 버는 것이다. 새벽에 장사 마치고 빨리 밥 먹고 오후 배달 가기 전까지 최대한 빨리 양파와 감자껍질을 벗겨야 했다. 시간은 늘 부족했고 마음은 급했다. 나는 매일 쉬지 않고 새벽 4시에 출근해서 저녁 6시~7시에 집에 돌아오면 늘 성경을 보았다. 한 번은 불현듯 양파와 감자껍질을 벗기는 작업을 계산하며 미래를 설계해 보고 싶었다. 그때 당시 쏘나타 자동차 한 대 값이 대략 2,000만 원이라 하면 나는 쏘나타를 사기 위해 양파껍질을 몇 킬로를 벗겨야 하는지 궁금해서 계산해 보았다. 오전 장사 끝나고 밥 먹는 시간하고 배달 갔다 오는 시간을 제외하고 화장실 갔다 오는 시간을 빼면 하루 15~20자루 만들 수 있었다. 돈으로 환산하면 55,000~60,000원 벌 수 있는 것이다. 물론 잠자는 시간을 줄여서 최대치로 따졌을 때 벌 수 있는 돈이다. 대략 평균 55,000원으로 환산하고 2,000만 원짜리 쏘나타 자동차를 사기 위해서는 1년 동안 하루도 안 쉬고 한 푼도 안 쓰고 일해야 장만할 수 있는 것이다. 결혼하기 위해서 영등포에 조그만 방 두 칸 집이라도 장만하려면 2억 원 정도가 필요했다. 그 돈을 마련하기 위해선 대략 날 수로는 4,000일, 햇수로는 11년이라는 계산이 얼추 나왔다. 순간 막막했다. 노예처럼 양파껍질을 11년 벗겨야 결혼을 할 수 있다고 생각하니 도저히 받아들일 수 없었다. 뭔가 획기적인 방법을 강구하지 않으면 안 된다고 생각했다. 곧바로 어머니에게 설명했다.

"엄마! 우리가 지금과 같은 방법이 아닌 뭔가 큰 사업을 해야 할 것 같아. 이렇게 계속 노예처럼 양파껍질만 벗길 순 없어."
"성한아! 그렇게 내가 평생 일해서 너희 삼 형제 대학 보내고 뒷바라지해 너희 형들 다 결혼시키고 집 장만 한 거란다. 엄마는 재주가 이것밖에 안 되니 네가 해볼 수 있으면 해보렴~"

내가 계산한 걸 어머니에게 설명해 드렸지만 어머니는 계속 본인의 일을 하시다가 잠깐의 침묵을 깨고 내게 하신 대답이다. 순간 할 말을 잃었다. 30년 동안 어머니는 시장에서 일하시면서 눈이 오나 비가 오나 결석 한 번 안 하셨다. 나는 그 어머니의 노고 속의 행복을 지금까지 누리며 살다가 언제 발견할지 모르는 행운을 단번에 바라고 있었다. '누군가 세 잎 클로버는 행복이고, 네 잎 클로버는 행운이라고 그랬던가!' 우리는 행운을 찾기 위해 수많은 행복을 그냥 밟고 살지 않았나 싶다. 그렇다. 내가 지금 현실을 비관해 행운을 찾기 위해 현재 누리고 있는 행복을 짓밟고 있는 것이 무엇인지 잠시 생각해 보았다. 그렇게 난 어머니와 대화를 끝내고 집에 들어가 기도했다.

"하나님! 너무 힘이 듭니다. 도와주세요. 행복해지고 싶습니다. 차도 사고 싶고, 집도 사고 싶습니다. 도와주세요."

그리고 며칠 후 "너희가 내 안에 거하고 내 말이 너희 안에 거하면 무엇이든지 원하는 대로 구하라 그리하면 이루리라(요한복음 15장 7절)" 하는 성경 말씀 한 구절이 눈에 쏙 들어왔다. 마치 나 보라는 듯이 하나님의 다음 지령처럼 내려온 것이다. 마음이 다시 뜨거워졌다. "무엇이든지 원하는 대로 구하라 그리하면 이루리라"하는 말씀엔 "너희가 내 안에 거하고 내 말이 너희 안에 거하면"이라는 조건부가 있었다. 원하는 거 다 구하면 이루어 주신다고 했는데 '너희가 내 안에 내 말이 너희 안에 거한다'라는 말이 무슨 뜻일까?' 도대체 알 수 없는 말이었다. 그러나 꼭 그 말뜻을 알고 싶었다.

나는 그 주 교회에서 그 요한복음 성경 구절 말씀에 대해 교회 형제들과 이야기를 나눴다. 도대체 "너희가 내 안에 거하고 내 말이 너희 안에 거하는 것"이 무엇인지 물었다. 열 띤 토론이 벌어졌다. 각자가 소견대로 이야기를 나누던 중 갑자기 지금 우리가 하는 이 토론 광경이 "너희가 내 안에 내 말이 너희 안에" 있다는 생각이 들었다. 머리가 시원하면서 번쩍였다. 요한복음 말씀이 이미 우리 안에 들어와 지금 토론하고 있다는 생각이 들어 내 생각을 형제들과 나누고 그다음 구절인 원하는 대로 구해보자고 제안했다. 리더 형 한 명이 "그럼 말씀대로 각자 원하는 것을 기도해 보자"고 기도를 이끌어 주었다. 그때 당시 나는 단순히 한 가지만을 구했다. "하나님 돈을 벌게 해주세요. 돈 버는 속도가 너무 느립니다. 돈을 벌면 하나님께 먼저 헌금하고 싶습니다. 하나님께 헌금하고 싶은데 제가 돈이 없지 않습니까?" 이렇게 기도했다. 그때 기도는 단순하고 원하는 걸 분명히 말했다. 왠지 날이면 날마다 찾아오는 느낌이 아니라 분명히 내가 원하는 걸 말해야 할 것 같은 느낌이었다.

그렇게 시간이 지나 일상생활을 하던 어느 날, 그날도 어김없이 양파껍질을 벗기고 있었는데 멀리서 어머니가 손짓으로 날 부르셨다. 한 양복을 입은 신사분이 어머니와 함께 계셨고, 몇 장의 종이 프린트물을 나에게 보여주셨다. 그 신사분은 나한테 중국인 관광객 상대로 서울에서 제일 큰 뷔페식당을 할 건데, 채소를 납품해 줄 거래처를 찾는다고 했다. 한꺼번에 1,500명이 먹을 수 있는 뷔페 집이라고 했다. 거래 금액은 채소만 일주일에 2,000~3,000만 원 사이가 될 거라고 했다. 믿을 수가 없었다. 매일 죽도록 양파와 감자껍질만 벗겨도 하루 5~6만 원 벌 수 있는데, 일주일에 2,000~3,000만 원짜리 채소를 납품하면 한 달이면 1억이 넘는 매출이었다. 소름이 끼쳤다. 나는 그 신사분께 무조건 저희가 해드리겠다고 했다. 걱정하지 말고 주문만 넣어 달라고 말했다. 그리고 그 신사분은 납품이 가능하면 자신의 사무실로 오라고 명함을 주고 떠났다. 곧이어 어머니가 걱정하시면서 내게 물었다.

"정말 네가 이것을 할 수 있겠니? 물건 살 돈도 없고 운반할 차도 없는데 이것을 네가 혼자서 어떻게 한단 말이냐?"

그때 어머니가 전에 했던 말이 떠올라 이렇게 말했다.

"엄마, 내가 전에 이렇게는 못 살겠으니 뭔가 큰일을 해보자고 했을 때 엄마가 했던 말 기억나지? 엄마는 재주가 없어서 못 하니 네가 할 수 있으면 해보라고 했잖아. 그때가 바로 지금인 것 같아. 무조건 해보는 거야. 일단 하고 보는 거야."

그렇게 나는 마치 미친 사람처럼 허공에다 소리 지르며 외쳤다.

"하나님! 감사합니다."

네 손이 선을 베풀 힘이 있거든

직감적으로 이것이 하나님이 내게 주신 선물이라 생각했다. 나의 기도를 들어 주신 것이라 단순하며 순진하게 생각했다. 당시 내 신앙의 수준에서는 나에게 행복은 돈을 많이 버는 것이었다. 모든 삶의 고통은 돈이 없어 시작된다고 생각하고 있었다. 강제 철거도, 아버지의 암도 돈이 있었으면 겪지 않아도 될 일이라 생각했기에 내 기도 제목은 자연스럽게 돈을 벌게 해달라는 것이었다. 돈이 있으면 내가 행복해질 수 있을 것이라 생각했다. 하지만 이 기도 제목이 하나님이 나를 낚기 위한 미끼였다는 것을 시간이 지난 후에 깨달았다. 하나님은 나를 너무 잘 알고 계시고 날 만드신 분이셨다. 내 기질, 내 생각, 내 뼛속까지도 속속들이 다 알고 계셨다. 하나님은 내 삶의 큰 그림을 가지고 계셨다.

당시 나의 기분은 하늘을 닿을 것만 같이 큰 기쁨과 흥분으로 가득했다. 이런 나의 기분과 상관없이 어머니는 나를 걱정하셨다. 도대체 무슨 수로 그 많은 물건을 살 수 있으며 차도 없이 어떻게 운반할 수 있는지 어머니는 내게 계속 되물으셨다. 당시 신앙심이 깊지는 않았지만 이것이 기도 응답이라는 것을 어머니에게 말했다. 그리고 구체적인 실행을 해나가기 시작했다. 다음날 바로 뷔페 집 사장님에게 야채를 납품하겠다고 연락을 했다. 그리고 그 사장님은 "야채 납품업체를 찾으러 많이 방문해 보았지만 젊은 사람이 저돌적으로 해보겠다고 먼저 연락이 오니 한번 일을 맡겨 보겠노라." 말했다. 그리고 뷔페 집 사장님은 가게 개점 날짜와 납품 기일을 알려주며 차질 없는 공급을 부탁하셨다.

우선 납품에 필요한 차량 1.4톤 봉고 트럭을 바로 할부로 구매했다. 당시 나는 1종 대형 면허를 가지고 있어서 트럭 운전은 한 번도 해본 적이 없었지만, 그냥 무턱대고 트럭을 할부로 구매했다. 새 트럭을 조심스럽게 가게로 몰고 어머니 앞에 나타나자 어머니는 너무 놀란 표정을 지으며 아직 거래를 정식으로 시작하지도 않았는데 차부터 덜컥 사면 어쩌자는 거냐고 물으셨다. 나는 차가 있다는 것을 보여줘야 상대방이 거래를 믿고 하지 않겠냐고 대답했다. 어머니는 계속 걱정 어린 마음으로 나를 바라보셨다. 나는 면허는 있었지만 큰 트럭을 몰아 본 적이 없어서 낮에 운전 연습을 조금씩 하며 야채 납품일까지 주도면밀하게 준비하기 시작했다. 필요한 야채 품목 리스트를 가락동 농수산물 시장으로 가서 미리 살펴보기도 하고, 필요한 자금을 마련하기 위해 난생처음 은행에서 5,000만 원 대출도 받았다. 청년 사업자금으로 경력도 없는 나에게 꽤 큰 대출을 은행에서 해준 것이다. 그 대출금으로 창고를 얻고 물건 살 자금도 확보했다. 첫날 농산물 물건만 대략 1,000만 원 가까이 되었다. 당시의 나로서는 엄청난 물량이었다. 그러나 마지막으로 필요한 것이 있었다. 바로 사람이었다. 하고 있던 일에 뷔페 집에 납품하는 일을 새롭게 더하는 것이라 나 혼자서 감당할 수 없었다. 함께 일할 사람을 찾고 있는데 때마침 군대 후배에게서 연락이 왔다. 그리고 나에게 조심스럽게 말을 꺼냈다.

"필승! 통신보안! 김성한 병장님, 저 병욱이입니다."
"그래, 병욱아! 어떻게 지냈니?"

오랜만에 연락 온 군대 후배가 무척 반가웠다. 우리는 그동안 어떻게 지냈는지 서로 안부를 물으며 대화를 나눴다. 그리고 대화 끝에 의미심장한 말로 내게 부탁했다.

"김성한 병장님! 혹시 50만 원 있으면 저에게 빌려주실 수 있습니까? 며칠 후 갚아 드리겠습니다. 어디다 쓸지는 묻지 마시고 사람 하나 살린다 생각하고 빌려주면 안 되겠습니까? 꼭 도와주시면 이 은혜 잊지 않겠습니다."

그 이야기를 듣고 나는 속으로 '인간관계를 어떻게 했길래 전역한 군대 고참에게 돈을 빌린단 말인가! 군대 다녀온 사람들은 제대하고 나서는 웬만하면 군대 고참은 만나지도 않는데 돈까지 빌리는 애는 도대체 삶을 어떻게 살았단 말인가!' 하는 한심한 생각이 들었다. 그런데 한편으로 병욱이의 군 생활을 생각했을 때 나는 당시 병욱이를 꽤 신뢰했었다. 다른 병사들처럼 꾀를 부리지 않았고 순수하고 성실하게 군 생활했던 기억이 있어 병욱이에 대해 좋은 인상을 가지고 있었다. 그리고 한편으로 정말 피치 못 할 사정이 있을 수도 있겠다는 생각이 들어 어떻게 할지 조금 생각하다가 바로 그때 어제 읽었던 성경 구절이 떠올랐다. "네 손이 선을 베풀 힘이 있거든 마땅히 받을 자에게 베풀기를 아끼지 말며 네게 있거든 이웃에게 이르기를 갔다가 다시 오라 내일 주겠노라 하지 말며"라는 잠언 3장 27~28절 말씀이었다. 다시 성경을 살펴보았다. 마치 오늘 일에 대해 미리 성경 말씀으로 말씀해 주신 것 같아 이 말씀대로 해보기로 했다. 그리고 한참을 생각하다 내일 다시 이야기하자고 말하려던 찰라 성경 말씀에 "갔다가 다시 오라 내일 주겠노라 하지 말며"가 떠올라 병욱이에게 "혹시 지금 우리 집으로 올 수 있겠니?"라고 물었다. 그러자 병욱이는 바로 집으로 오겠다고 했다.

몇 시간 후 초인종이 울렸다. 병욱이는 초조한 눈빛으로 나를 바라보았다. 제대 후 내게 있었던 일을 짧게 설명해 주고 내가 크리스천이 되었다고 했다. 그리고 잠언 3장 27~28절을 읽어주며 오늘 빌려준 돈은 나에게 갚지 않아도 된다고 했다. "네 말대로 어디다 쓸 건진 묻지 않을 테니 너도 누군가가 급하게 너에게 도움을 구하면 오늘 일을 생각해서 대가를 바라지 말고 그냥 주라"고 말하며 그렇게 할 수 있는지 물었다. 병욱이는 꼭 그렇게 하겠다고 하며 오늘 이 은혜는 꼭 잊지 않겠다고 말했지만 나를 조금 이상하게 쳐다보며 돌아갔다. 아마 내가 크리스천이 되어 변했다고 말한 것에 의아해했을 것이다. 전에 같았으면 빨리 만나 술이나 한잔하면서 이야기하자고 했을 것을 기대했는지도 모르겠다. 아예 듣지도 보지도 못한 성경 구절을 대며 다른 사람에게 갚아 주라는 말을 들었을 때 꽤 당황해하는 병욱이의 표정이 역력했다.

문득 현재 내겐 사람이 필요하니 배달하는 일을 병욱이에게 맡기면 좋겠다는 생각이 스쳐 다시 병욱이에게 전화를 걸어 현재 하는 일이 있냐고 물었더니 직업이 없다고 했다. 트럭으로 야채 배달하는 사람을 찾고 있는데 해볼 생각이 있냐고 제안했다. 병욱이는 일 말에 생각도 하지 않고 그 자리에서 바로 일을 해보겠다고 했다. 마침 참 잘된 일이었다. 때마침 병욱이도 함께 일을 하게 되고 모든 준비가 착착 진행되었다. 어머니에게 병욱이를 데리고 갔다. 트럭과 함께 일할 사람과 창고와 돈까지 준비되어 납품하는 일만 남았다고 지금까지 진행된 상황을 설명하고 이제 돈을 벌어보자고 말했다. 어머니도 우려하고 걱정했던 것에 대해 지금껏 나의 진행 상황을 들으시고 "이젠 어쩔 수 없구나. 그래 한번 해보자, 이게 다 하나님 뜻이면 어떻게 되지 않겠냐." 하시며 생각을 바꾸셨다.

얼마 후 뷔페 집 사장님은 우리 가게에 다시 오셨다. 창고 설비

와 대형냉장보관소, 납품 차량, 운전기사까지 지금까지의 준비 상황을 보여드렸다. 사장님은 매우 흡족해하시며 "매장이 하나로 끝나지 않을 거야, 제2, 제3 매장을 서울 시내에 준비하고 있거든. 현재 중국 관광객들이 물밀듯이 한국에 밀려오고 있으니 우리가 서로 파트너십을 잘 유지해 값싸고 좋은 물건을 차질 없이 공급해 서로 원원하자." 하시며 잘해보자고 말씀하셨다. 이제 모든 준비가 다 끝났다. 드디어 이제 양파껍질 벗기기와 감자껍질 깎기를 끝내도 된다고 생각하니 행복했다. 어머니와 병욱이, 나 이렇게 우리 셋은 서로 바라보며 이게 정말 현실인지 믿기지 않는 설레는 부푼 마음으로 야채 납품 D-day만을 손꼽아 기다렸다.

행함이 없는 믿음은 죽은 것이니라

드디어 D-데이 납품 날이 왔다. 병욱이와 나는 농산물의 신선도를 최상으로 관리하면서, 물건 나를 최적의 동선과 농산물을 보관할 식당 창고의 위치를 미리 파악하였다. 이러한 철저한 사전 준비가 되었음에도 불구하고 물량이 워낙 많은 관계로 모두 배달하는 데에는 꼬박 세 시간이 걸렸다. 병욱이와 나는 세 시간 동안 숨 쉴 틈 없이 허리가 휘어져라 물건을 날라야 했다. 우리는 스스로를 대견스럽게 생각하며 열심히 일했다. 정말 이것이 꿈인지 현실인지 믿기지 않을 정도로 신바람 나게 일했다.

얼마 지나지 않아 중국관광 뷔페 집은 서울 다른 지역에 2번째 지점을 열었고, 이어 3번째 지점 오픈도 준비했다. 몇 개월 후, 업체 측은 납품에 대한 단가 협의를 요청했다. 늘어나는 물량에 대해 더 낮은 단가로 납품해 주길 원한 것이다. 우리는 거기에 맞는 경쟁력을 확보해야 했다. 왜냐하면 다른 경쟁업체가 더 낮은 단가를 제시하면 납품업체는 언제든 바뀔 수 있는 구조였기 때문이다. 당시 우리는 가락동 농수산물 시장에서 중매인들을 통해 물건을 구입해 납품하고 있었다. 뷔페 업체가 요구하는 더 낮은 단가에 물건을 제공하기 위해서는 내가 직접 경매를 보는 방법밖에 없었다. 어머니와 병욱이도 농산물 경매에 마음이 모아졌다. 그러나 경매를 보기 위해서는 우선 경매 자격을 취득해야 했다.

어머니는 같은 시장에 중국 농산물을 유통하면서 농산물 경매도 본다는 사장님을 안다고 말씀하셨다. 나는 다음날 어머니가 알려준 그분의 사무실에 찾아가 사정을 말씀드리고 어떻게 농산물 경매 자격을 취득할 수 있는지 여쭤보았다. 내 이야기를 들은 사장님은 마침 잘 되었다는 표정으로 내가 자신의 회사에서 일하면 좋겠다고 말씀하셨다. 그 사장님은 중국에서 농산물을 수입해 서울 거의 모든 농산물 도매시장에 유통하는 유통업계의 큰손이었다. 그 사장님의 조건은 안 그래도 농산물 수입 때문에 너무 바빠서 경매를 못 봐 실적이 안되 경매 자격이 취소될 수도 있었는데 나를 자신의 회사에 직원으로 등록시켜 놓을 테니 내가 필요한 만큼 농산물 경매를 보아 경매 볼 수 있는 자격이 취소되지 않도록 실적을 쌓아 달라는 것이었다. 그 제안은 서로 윈윈하는 제안이었다. 마침 나도 경매 자격이 필요했고 그 사장님도 경매 자격을 유지하기 위해 실적이 필요한 상황이었던 것이다.

나는 보조중매인 번호 179번을 달고 강서농수산물시장 농산물 경매장에 들어섰다. 시장 입구부터 5톤 트럭이 전국 산지의 농산물을 싣고 경매를 보기 위해 대기하고 있었다. 중앙 돔 경매장에 들어서자 엄청난 양의 농산물이 쌓여 있었다. 농산물 주변에는 농민처럼 보이는 분들이 있었고 전자 낙찰기를 하나씩 손에 들고 있는 중매인들은 긴장된 모습으로 경매사가 들어오기를 기다리고 있었다. 경매사가 전광판이 달린 단상에 오르고 알아들을 수 없는 소리로 경매를 진행하자 곧이어 농산물들의 낙찰가가 전광판에 찍혔다. 농산물 경매는 정말 빠르게 진행되었고 나는 하나도 상황을 파악하지 못하고 있었더니 내 옆에 있던 다른 중매인 분이 말을 걸었다.

"어느 회사 사장님이세요? 처음 보는데 경매 처음 하시나 봐요?"
"네, 오늘 처음 와서 정신이 없네요."
"처음에는 경매사가 하는 소리가 무슨 소리인지 안 들리는데 듣다 보면 들려요. 그러니 잘 따라오세요."

시간대별로 농산물 경매가 이어졌고 경매는 매일 오후 5시쯤 시작해서 새벽 2시쯤 마무리되었다. 첫날은 아무것도 못하고 돌아왔다. 나는 처음부터 물건을 사지는 못했지만, 매일 경매장에 나가 분위기와 현장 파악을 했다. 언제부터인가 경매사의 언어에 익숙해졌고, 하나둘 무슨 말인지 들리기 시작했다. 중매인들과 안면이 생긴 다음부터는 농산물을 낙찰해 보기로 마음을 단단히 먹었다. 드디어 경매가 시작되었다. 긴장되는 순간이었다. 첫 번째 농산물 앞에 모두가 모였다. 양배추가 11빠렛트 올라왔다. 1빠렛트에 양배추 50망이 있으니 11빠렛트면 550망이었다. 손에 들린 전자 낙찰기에 가격을 넣어 누르면 컴퓨터가 집계해 가장 높은 가격을 찍은 중매인이 낙찰받는 식이었다. 버튼 하나로 엄청난 손해를 볼 수도, 이득을 볼 수도 있는 긴장되는 순간이었다. 곧이어 전광판에 어떤 중매인 번호와 9,000원의 낙찰가가 찍혔다. 비교적 시세보다 싸게 낙찰되었는지 경매장에 온 다른 중간 도매상인들이 그 양배추에 매직으로 자기 것으로 너도나도 표시했다. 경매장에서 중매인들이 낙찰한 농산물은 중간 도매상인들이 수수료만 붙이고 가져가는 시스템이다. 그래서 중매인들은 적당한 가격에 농산물을 낙찰받으면 팔지 못할 걱정은 하지 않아도 된다. 그러나 비싼 가격에 낙찰하면 아무도 거들떠보지 않는다. 그것은 전적으로 중매인의 부담이 된다. 실수는 용납될 수 없는 프로들의 세계인 것이다. 그 광경을 본 나는 더 긴장하지 않을 수 없었다. 마음속에 잠자고 있던 승부욕이 올라왔다. 더 이상 좋은 물건을 다른 중매인들에게 계속 넘겨줄 순 없었다. 다시 정신을 차리고 다음 물건을 낙찰해 보기로 마음을 먹었다. 이번에는 다발 무였다. 경매가 시작되자마자 이번에도 낙찰 중매인과 가격이 전광판에 떴다. 내 예상보다 높게 낙찰되었다고 생각했지만 금방 다른 상인들에 의해 판매되었다. 너무 아쉬운 순간이었다. 계속 이렇게 물건을 놓칠 수는 없는 일이라 이제는 우물쭈물하지 않기로 했다. 머릿속으로 너무 많이 생각하지 않고 도전해 보기로 했다.

나는 뷔페 집에 가장 많이 납품하는 새송이버섯을 사기 위해 버섯경매장으로 갔다. 혹시 내가 가격을 높게 찍어 다른 상인들이 사지 않더라도 납품할 거래처가 있어 판매가 안전한 품목인 버섯을 도전하기로 한 것이다. 버섯경매장에 도착했다. 새송이버섯 경매가 시작되었고 드디어 179번 5,500원이 전광판에 떴다. 나는 새송이버섯 45박스를 낙찰받았다. 가격도 좋고 타이밍도 아주 좋았다. 이번에는 내가 눈치 싸움에서 이긴 것이다. 주변이 웅성거리기 시작했다.

"179번이 누구야?"

내가 179번이라는 것을 확인한 상인들이 나에게 새송이버섯을 달라고 제안했다. 박스당 1,000원의 수수료를 붙여 45박스를 그 자리에서 모두 팔았다. 너무 충격적이고 획기적이었다. 힘들게 물건을 나르지도 않았고, 눈물을 흘리며 양파를 까지 않아도 가격 한번 잘 불러 돈을 번 것이다. 인간적으로 할렐루야란 말이 절로 나왔다. 분명히 이전과 전혀 다른 차원의 길에 들어선 걸 직감할 수 있었다. 며칠 후 가게로 돌아와 어머니와 병욱이에게 경매장 분위기와 내가 겪었던 상황들을 설명했다. 둘 다 신기해하고 보고 싶어 하는 눈치였다. 경매를 통해 가격경쟁력이 생길 뿐 아니라 마진폭도 늘어나 소득이 더 늘어날 생각을 하니 기분이 좋았다. 가격만 잘 부르면 아무것도 하지 않고 그 자리에서 돈을 벌 수 있었다. 돈 놓고 돈 먹기다. 낙찰 기계에 찍힌 가격에 상인들이 나에게 몰려들었다. 낙찰 기계 하나로 권력을 거머쥔 기분이 들었다. 이 모든 것은 사람의 말초적 욕망을 자극하기에 충분했다. 영등포 가게로 돌아가 작전을 세웠다. 영등포 가게는 어머니와 병욱이가 맡기로 했고, 나는 경매를 봐와 뷔페 집 납품과 영등포 가게에 필요한 물건들을 구매하기로 역할 분담을 했다. 가격경쟁력을 확보하니 영등포 가게의 매출도 늘어나기 시작했다. 식당뿐 아니라 동네 마트와 농산물 도매상인들까지 우리 가게에서 물건을 사기 시작했다. 안정적인 대형 뷔페 집 납품을 바탕으로 가게 영업 또한 탄력을 받았다. 마치 혈관에 피가 잘 돌아 생기가 넘치는 사람처럼 우리 얼굴은 늘 웃음꽃이 피었고, 활력이 넘쳤으며, 소득도 계속 늘어났다. 우리는 빠른 속도로 성장했다. 어느덧 가게 하나에 창고 2개, 트럭 2대로 늘어났다. 정말 우리 스스로도 믿기 어려운 상황이었다. 불과 얼마 전까지만 해도 강제 철거로 희망이 없던 우리에게 이 급변한 상황은 하나님이 하신 일이라고밖에는 설명이 안 되었다.

이 모든 시작은 하나님을 만난 것에서부터다. 우리는 살아계신 하나님을 진짜로 만나야 한다. 단지 귀로 듣고 머리로만 아는 것이 아니라, 삶 가운데 구체적으로 만나야 한다. 들어서 지식으로만 하나님을 아는 사람도 본인은 믿는다고는 말한다. 그러나 진짜 믿음에는 그 믿음에 상응하는 행동이 나타나게 된다. 요즘은 유튜브에 좋은 설교와 신학적 지식이 넘쳐난다. 그럼에도 불구하고 크리스천들의 자살률, 이혼율과 정신질환 문제는 줄어들지 않고 있다. 단순히 듣고 지적으로 깨닫는다고 해서 사람이 변화되지 않기 때문이다. 내 영혼에 충격이 있어야 한다. 그리고 그 충격에 의해 벌어진 내 영혼의 빈틈에 하나님의 말씀이 심기어져야 비로소 믿음이 자라나게 되고 이것을 통해 하나님을 경험할 수 있는 것이다. 이렇게 살아계신 하나님을 경험한 사람이 행동으로 이어지는 믿음의 순종을 할 수 있게 된다. 내가 들은 단 한 구절이라도 믿음의 순종이 있어야 하나님이 그 믿음 위에 하나님의 이야기를 쓰실 수 있다. 그렇게 하나님을 만난 나는 말씀을 보며 기도하고 순종하는 법을 장사를 시작한 때부터 지금까지 훈련받고 있다. 나는 아직도 훈련생이다.

복음은 나 자신뿐만 아니라 가정과 주변 모든 사람을 같이 살린다. 둘째 형이 하나님을 만나자 새사람이 되었고, 형에 의해 온 가족이 변화되었다. 술에 취해 놈팡이처럼 살던 내가 하나님을 만나자 삶에 의욕을 갖고 땀 흘려 일하기 시작했고, 50만 원이 없던 군 후배에게 직장을 주고 새 삶을 살게 했다. 어느 날, 병욱이가 20년이 넘은 폐차 직전의 차를 처분하고 신형 아반떼로 차를 바꿨다. 그때가 내가 인생에서 처음으로 가장 큰 보람을 느낀 순간이다. 얼마 전까지만 해도 카드빚 50만 원이 없어 군대 고참에게 돈을 빌리러 온 녀석이 새 차를 장만해 나타나니 너무 기뻐 눈물이 났다. 다른 누군가의 형편을 나아지게 하는 것이 이렇게 기쁘고 보람된 일이라는 걸 처음 경험했다. 누군가가 했던 말이 생각난다.

"단 한 사람에게라도 월급을 줘본 사람이 아니라면 인생을 논하지 말라."

그만큼 누군가의 삶을 책임진다는 것은 대단히 어렵고 힘든 일이다. 자기 앞가림도 힘든 세상에서 다른 누군가의 인생을 책임진다는 것은 하늘의 선택을 받아야 한다. 이 땅에서도 기업을 일으키고, 누군가에게 월급을 주고, 그 사람의 형편이 나아지게 하는 일은 정말 위대한 일인데, 영혼에 생명을 불어넣는 일은 천국에서 얼마나 큰일일까? 땅에서나 천국에서나 영혼 구원보다 더 위대한 일은 없을 것이다.

나에게 일어난 일련의 과정들을 교회 리더 형과 나누었다. 그 이야기는 교회 전도사님에게 전해졌고 전도사님은 어느 날 주일 예배 때 나에게 간증을 맡겼다. 나는 떨리는 마음으로 간증문을 준비했다. 대학 4년 아버지의 암 판정, 강제 철거 후 하나님과의 만남, 그리고 최근 장사 일까지 일련의 과정들을 정리해 보기로 했다. 그리고 주일 예배 강대상에 섰다. 교회 가족들의 따뜻한 눈빛과 기대들이 강대상 위에까지 느껴졌다. 미리 준비해 놓은 간증문을 읽어 내려갔다. 간증하는 중간중간 교회 식구들의 입에서 "아멘!" 소리가 터져 나왔고 그때 하나님이 이 간증문을 읽는 내 입술을 주장하시는 것이 느껴졌다. 간증을 하면서 내 마음이 치유되기 시작했다. 아버지 암도, 강제 철거도 더 이상 내 인생의 발목을 잡지 못했다. 지금 내가 마음에 누리고 있는 천국으로 충분히 보상되었다. 나는 소망과 희망의 문으로 이미 들어섰다. 간증을 마치고 강대상에서 내려오는데 많은 박수가 이어졌다. 곧이어 전도사님께서 설교를 하기 위해 강대상에 올라가셨고 교회가 생긴 이래 이렇게 아멘 소리가 크게 들린 적은 처음이었다고 기뻐하셨다. 그렇게 나의 생활도, 인격도, 신앙도 점차 성장하고 있었다.

빚진 인생

TURNING POINT

인생의 주인

교회 간증을 마치고 한동안 꽃길만을 걷는 것만 같았다. 차에서 찬양을 들을 때마다 감동이 되어 눈물이 흘렀고 잠을 잘 때나 밥을 먹을 때, 씻을 때 늘 하나님이 내 옆에 계신 것만 같았다. 이 무렵 그 좋아하던 술과 담배도 자연히 끊게 되었다. 어떻게 끊겼는지도 모르게 정말 자연스럽게 끊게 되었다. 바쁜 것도 있었지만 다른 의존할 것이 생기니 현재 의존하던 것들이 자연스럽게 밀려난 듯했다. 내 마음의 빈 공간에 하나님으로 가득 채워진 것이다. 이 핑계 저 핑계 대면서 나 스스로 합리화하며 의지했던 중독들이 하나둘씩 사라져 갔다. 중요한 건 내가 의지했던 것들이 사실 정말로 내가 필요해서 의지한 것이 아니었다는 사실이다. 중독은 결핍에서 시작되고 인간은 하나님과 함께 있을 때 모든 결핍이 채워지는 존재라는 걸 이때 경험으로 깨달았다. 하나님만이 인간에게 참 만족과 결핍을 채워 주실 수 있는 유일한 분이시다. 중독도 이렇게 자연스럽게 끊겨졌다.

점차 장사가 잘될수록 많이 바빠지고 나를 찾는 사람도 많아지면서 하나님 이외의 많은 것들을 조금씩 조금씩 거느리게 되었다. 경매에서도 자격을 유지하기 위해서 회사가 원하는 고정 매출을 올리기 위해 애썼다. 영등포 가게 매출과 납품 거래처도 다른 경쟁업체가 들어오지 못하도록 관리해야만 했다. 이 무렵 아예 거처를 옮겨 3평 남짓한 회사 2층 사무실로 내 살림을 옮겼다. 본격적으로 돈을 벌기 위해서다. 그러나 이것은 나의 패착의 시작이었다. 이 선택은 나의 영적인 상황을 전혀 고려하지 않은 오로지 현재 삶을 유지하고자 하는 생각에서의 결정이었다. 초저녁부터 경매를 시작해 밤을 홀딱 새고 밥 먹고 씻고 오전에 빛이 들어오지 않게 커튼으로 빛을 차단하며 잠을 자는 밤낮이 뒤바뀐 생활을 했다. 그곳에서 혼자 먹고 자면서 꼬박 1년 반을 버텼다. 경매 보기 위한 최상의 컨디션을 유지하는 것이 나의 관건이었고 신경은 늘 예민해져 있고 밤낮이 완전히 뒤바뀐 생활은 건강 상태에 많은 악영향을 주었다. 그럼에도 불구하고 작은 경매 응찰기 기계가 내 손에서 빠져나가는 걸 원치 않았다. 그것은 작은 권력과 황금알을 낳는 거위 같았다. 계속 가지고 있으면 사람들한테 대접받고 돈은 샘솟듯 계속 들어올 수 있을 것이라 믿었다. 손바닥만 한 그 작은 기계는 어느덧 나를 삼켰다. 하지만 나는 멈출 수 없는 호랑이 등에 이미 올라탄 사람처럼 계속 달려 나갔다. 전처럼 다시 힘들게 물건을 나르며 양파 까는 시절로 돌아가고 싶지 않았다.

돈, 거래처, 사람들의 관심, 현재 누리고 있는 모든 것이 하나님께부터 왔음을 어느덧 까마득히 잊고 있었다. 그리고 그것이 나의 올무가 되어 모든 것을 유지하기 위해 다시 내 인생에 내가 주인이 되기 시작했다. 가장 어렵고 힘들 때 하나님을 찾았다가 생활과 삶이 좋아진 후 하나님을 버린 것이다. 그게 인간의 죄성이고 우리의 본성이다. 바울은 스스로 "나는 날마다 죽노라"라고 고백했다. 그의 죽음은 자신의 욕망이 죽지 않는 자아에 대해 십자가 앞에서의 죽음을 의미한 것이다. 우리의 죄는 쉽게 사그라들지 않는다. 하나님을 믿고도 여전히 우리의 욕망과 탐욕을 하나님 나라를 위한 일이라는 명분으로 포장해 신앙생활을 한다. 정말 무서운 것은 그 자신은 그것이 욕망인 줄 모른다는 것이다. 나중에 시간이 지나고 삶의 열매를 통해 알 수 있다. 그렇게 우리의 신앙은 실수와 연약함을 통해 넘어졌다 일어섬을 반복함으로 우리의 한계를 인정하고 하나님을 더 의지하는 법을 배우게 되는 것이다.

거처를 회사 2층 다락방으로 옮기고 난 뒤 회사 사람들과 어울리는 시간이 자연스럽게 많아졌다. 그리고 예배도 전처럼 성실히 나가지 못했다. 한두 번 빠지던 예배는 아예 한 달 정도 못 나갈 때도 있었다. 그럴 때마다 내 마음에 빨간불이 들어왔고 계속 이래선 안 된다는 걸 알고 있었지만 작은 구멍으로 시작된 틈이 어느 날 큰 구멍으로 커져 성벽이 허물어지듯 그렇게 영적인 상태가 점점 허물어져 갔다. 그러면서 자연스럽게 술자리가 생기고 돈도 선심 쓰듯 남에게 쓰기 시작하면서 하나님의 사람이라고 하기에는 거리가 먼 생활을 하였다. 그 무렵 영등포 가게를 책임지고 있는 병욱이도 지쳐가고 있었다. 영적으로 중심을 잃고 피폐해지는 것이 성벽이 허물어지는 첫 시작이었다. 금방 컨디션에 악영향을 주었고 신선하고 경쟁력 있는 물건을 경매 보는 판단력이 흐려졌다. 좋지 못한 물건을 비싸게 사니 그것을 파는 병욱이도 매출이 좋을 수가 없었다. 납품하는 중국관광식당에서 물건에 대한 컴플레인이 들어와도 제대로 대처하지 못했고, 급기야 세 개 매장 중 한 개 매장을 다른 업체에 뺏겼다. 어느 날은 경매 실적을 올리지 못할 때도 있었다.

그러던 어느 날 새벽 부슬비가 내리고 있는 김포공항 뒷길을 트럭을 운전하고 있었다. 지하철 공사(임시로 공사해 놓은 철판) 도로를 달리다 그만 빗길에 미끄러지는 사고를 당했다. 빗길에 미끄러지는 순간 운전대를 컨트롤 할 수 없었다. 내 의지와 상관없이 트럭이 도로 위를 빙빙 돌았고 그 순간 죽었다는 생각이 들면서 지난날의 삶이 필름처럼 눈앞에서 펼쳐져 지나갔다. 누군가가 죽기 전에 지나온 삶이 눈앞에서 필름처럼 지나갔다는 이야기를 들은 적이 있었는데 실제로 나에게도 그런 일이 벌어진 것이다.

'아~ 난 죽었구나!'

1초도 안 될 것 같은 짧은 시간에 초등학교 입학하던 내가 생각나고, 어머니 가방에서 돈은 훔치던 어릴 적 일들과 삶의 중요 장면들이 이미지로 파노라마처럼 내 눈앞을 지나가고 있었다. 너무 무서웠고 살아 일어날 수 없게 될 수 있음을 직감했다. 운전대를 컨트롤 할 수 없어 생명의 위협을 느낀 경험은 내 인생의 큰 전환점이 되었다. 이 사고는 내 인생이 내가 컨트롤 할 수 없이 언제든 마감될 수 있음을 알게 했다. 진정한 지혜는 지식으로 깨닫는 것이 아니라 삶에서 사건과 사고를 통해 경험으로 깨달을 때 더 확실한 교훈을 주기도 한다. 우리는 순간순간을 하나님께서 주신 삶을 위해 최선을 다해 살아야 한다. 우리는 많은 부분 신앙을 지식적으로 깨닫고 그것을 믿는다고 착각한다. 믿음이 들어오면 반드시 삶이 변화된다. 믿음은 어떤 사건이나 사고를 통해 보다 실질적으로 우리에게 생기는 경우가 많다. 이것은 우리가 지식적으로 아는 것에 대한 실재적인 믿음이 생기게 되는 좋은 경험이다. 바로 그날 새벽의 사고로 인해 내 인생이 언제든 마감될 수 있다는 것과 누군가의 죽음의 피 값으로 살고 있는 빚진 인생이라는 것을 피부로 느끼게 되는 계기가 되었다.

　빚진 인생은 빚을 다 갚을 때까지 자유로울 수 없다. 바로 예수 그리스도의 피 값으로 도저히 내 힘으로 결코 탕감할 수 없는 엄청난 빚을 대신 탕감 받았다는 삶이라는 걸 깨달을 때 은혜 입은 자로서 구원에 대한 감격과 기쁨이 부어지는 것을 비로소 알게 되는 것이다. 그렇다. 예수 믿는다는 것은 더 이상 우리 삶이 우리의 것이 아니다. 그 인생은 이제 예수 그리스도의 인생이라는 걸 깨닫고 내 삶의 어떤 것도 내 것이라고 주장할 수 없다. 세상의 종노릇 하며 사단에 매여 있는 빚진 나에게 그리스도께서 오셔서 그의 피 값으로 모든 빚을 탕감해 주셨다. 그것이 나의 인생이다. 나는 이 빚을 탕감받은 은혜를 경험한 사람으로서 그리스도의 사랑에 매여 있는 존재인 것이다. 이 사건은 내 인생의 방향이 또 한 번 바뀌는 결정적인 계기가 되었다. 그렇게 차량이 몇 바퀴 돌았는지도 모른 채 어디에 "쾅"하는 충격과 함께 순간 기절했다. 얼마의 시간이 흘렀을까! 자동차 경적소리가 요란하게 들렸다.

"빵~~~~~~~~ 빵~~~~~~~~ 빵~~~~~~"
"아저씨! 괜찮아요?"

반대편 차선에서 나에게 소리쳤다. 그 소리에 눈을 떴다. 내가 어디엔가 꼬꾸라져 있었다. 정신이 차려졌는데 분명한 것은 꿈이 아니라는 것과 아직 내가 이 세상에 있다는 사실이다. 다행히 사지 멀쩡하게 다친 데는 없고 차는 미끄러져 반대편 인도 가로등에 부딪쳐 넘어진 채 멈춰 서 있었다. 살았다는 안도의 한숨과 함께 이 사고로 인해 내 삶은 재정비 되어 갔다. 어디서부터 잘못되었는지 삶을 되돌아보았다. 답은 명확했다. 불과 얼마 전까지만 해도 바닥에서 양파를 까며 뷔페 집 납품 하나로 행복해했던 내가 탐심과 욕심으로 마음에 욕망이 작동했고, 그 욕망이 나를 삼켰다. 나는 값비싼 수업료를 치르고 배웠다. 하나님께서 허락하신 것이라도 그것이 다 유익이 될 수는 없었다. 좋은 것도 내가 그것을 잘 다룰 수 있는 능력과 인격이 되지 않으면 오히려 독으로 작용한다. 나는 갑작스럽게 번 돈을 관리할 만한 인격과 마음의 그릇을 갖추지 못하고 있었다. 작은 성공은 오히려 내게 독이 되었던 것이다. 하나님이 나에게 그것을 왜 허락하셨는지 나중에 자식을 낳아 키워보고 알 수 있었다.

어린 자녀들은 그것이 자신에게 좋은지, 나쁜지 판단하기에 아직 미성숙하다. 다만 갖고 싶은 게 있으면 부모에게 조른다. 그렇지만 부모 입장에서 자녀에게 유익한 게 아니더라도 허락하는 경우가 있다. 그것이 바로 부모의 심정일 것이다. 8살 올해 초등학교 입학한 딸 하나는 유독 초콜릿과 사탕을 좋아했다. 우리 부부는 딸에게 초콜릿을 먹을 때는 자기 전 칫솔질을 잘해야 이가 썩지 않는다고 말해주었고 만약 이가 썩게 되면 치과에 가야 한다고 누차 이야기를 했지만 우리 딸은 대수롭지 않게 생각하고 있었다. 어느 날, 엄마와 치과에 정기검진을 받은 하나는 충치가 생겼고 치과 치료를 받게 되었다. 제대로 참교육을 받은 것이다. 치과의 무서움을 처음 경험했고, 그 경험으로 부모님이 왜 자기 전에 칫솔질을 잘하라고 했는지 비로소 깨닫게 되었다. 때로는 부모의 100마디보다 경험으로 얻어지는 것이 훨씬 교육적이다. 치과 사건의 경험이 어린 하나에게 큰 교훈이 되었다. 하나님은 그의 사랑하는 자녀들이 무엇이 좋고 나쁜지 전부 아신다. 그럼에도 불구하고 자녀들이 그것을 원할 때 허락하시는 이유는 정말 소중한 것이 무엇인지 경험으로 깨닫기를 원하시기 때문이다. 하나님의 일차적 마음은 아픈 경험 없이 그의 말씀에 청종해 복을 누리는 것이다.

마침내 많은 고민 끝에 경매 자격을 포기하고 다시 영등포 가게로 돌아가기로 결정했다. 그러나 너무 늦은 것일까! 영등포 가게로 돌아왔을 땐 이미 병욱이는 가게를 떠나기로 결정한 상태였고 계속되는 컴플레인이 개선되지 않는다는 이유로 중국관광식당도 거래 중단을 선언했다. 나는 실망감이 말할 수 없이 컸지만 현실적으로 받아들여야만 했다. 결과적으로 강서회사와 경매 자격을 정리하면서 나는 돈을 번 것이 아니라 자금적으로 손해를 보게 되었다. 사람도 잃고, 거래처도 잃고, 돈도 잃었다. 다시 어머니와 나 둘이 남게 되었다. 그렇게 1년 반의 농산물 경매 생활을 접게 되었다. 수업료는 값비쌌지만 오히려 이것이 신앙적으로나, 사업적으로나 전화위복이 되는 계기가 되었다. 이 모든 결과가 나의 잘못으로 벌어진 것이라고 인정이 되었기 때문에 전처럼 누구를 비난하거나 또한 무절제한 생활로 돌아가지는 않았다.

사고 이후 목숨을 건지고 사지가 멀쩡한 것만으로도 감사하며 현실을 겸허하게 받아들였다. 정신을 차리고 양파 까는 일로 돌아온 나를 어머니는 말없이 바라봐 주셨다. 다시 초심으로 돌아가 내가 왜 어머니와 처음 일하게 되었는지 그때 그 시절을 되돌아보았다. 어머니의 가게에 들어가 일한 것은 교회를 나갈 수 있는 일이었기 때문에 선택한 것을 다시 한 번 나 자신과 하나님 앞에 상기시키며 초심으로 돌아갔다. 사실 모든 것이 다 감사한 시간이었다. 밤에 다시 전처럼 성경을 보며 말씀을 받는 시간으로 돌아갔다. 다시 영적으로 점차 회복되어 갔고 마음에 소망이 생기기 시작했다.

내 이름으로 모인 곳에는

처음부터 다시 시작해야 하는 원점으로 돌아왔지만, 이것은 나에게 큰 약이 되었다. 빗길에 미끄러지는 교통사고가 아니었다면 돈이나 사람이 아닌 목숨을 잃어버렸을 수도 있었다. 사고는 내 야망과 하나님의 꿈 사이의 경계선을 알게 되는 계기가 되었다. 우리는 우리 꿈이 하나님의 꿈이길 바란다. 그러나 하나님 편에서는 우리 꿈이 별로 중요하지 않을 수 있다. 하나님께서 우리를 향한 궁극적인 목적은 우리와 천국에서 영원토록 함께 사는 것이다. 하나님의 꿈과 계획에 우리 꿈을 맞출 때 비로소 우리의 진짜 꿈도 이루어지게 되는 것이다. 그전까지는 진짜 꿈이 무엇인지 알지도 못한 채 살아가는 것이 우리가 아닐까 싶다. 이번 사건을 통해 하나님께서 나에게 향한 꿈이 무엇인지 재조정되는 시기가 되었다. 점점 나의 꿈을 내려놓게 되었다. 하나님께서는 인생의 어느 지점에 이를 때, 나에게 믿음의 테스트를 하셨고, 그 테스트를 통과할 때 다른 차원의 길로 인도하시려 했다. 지나고 나니 하나님

안에서 내 인생의 계획은 비즈니스를 통해 돈을 버는 것이 아니었다. 하나님께서는 나를 사람을 낚는 어부로 사용하고 싶어 하셨고 그러기 위해선 일련의 과정이 필요했음을 깨달았다.

다시 양파와 감자를 까며 식당 주방에 야채를 실어 나르는 일상으로 돌아갔지만, 말씀과 기도의 삶이 회복되니 생기가 돌았다. 병욱이가 떠난 빈자리는 컸지만 일을 할 수 있는 것에 대한 소소한 감사가 회복되어 갔다. 교회로 나가 예배와 청년부 활동을 다시 시작하였고, 교회 형제, 자매님들에게도 감사와 고마운 마음을 가졌다. 신앙이 다시 회복되니 모든 것이 점차 회복되어 영업도 정상 괘도로 돌아왔고, 일에 생기가 돌아 큰 거래처는 없지만 작은 거래처들에서 신임을 얻어 매일 주어진 일에 최선을 다하니 거래처는 금방 다시 늘어나기 시작했다. 그러면서 한편으로는 늘 새로운 사업 아이템을 꿈꾸고 있었다. 시장에 오는 손님들은 보통 정해져 있고 오는 손님들은 분업화식으로 한 가게에서 모두 구매하기보다 이 가게 저 가게 맞춤으로 필요한 물품을 저렴한 업체를 찾아 구매하는 성향을 보였다. 그러다 보니 오는 손님을 가게마다 나눠먹기식으로 서로 경쟁하며 쟁탈하기 일쑤다.

나는 보다 넓은 시장을 개척하고 싶었다. 가만히 앉아서 손님을 기다리기보다 인터넷 사이트를 활용해 고객을 유치하고, 토탈패키지로 식자재를 식당 및 단체 급식소에 배달해 주는 서비스를 해주고 싶었다. 고객이 원하는 요구$_{needs}$를 어느 정도 알고 있었다.

손님들의 필요를 채워 주면 돈을 벌 수 있을 것이라 생각했다. 이 시절 정부와 대학이 협업해서 개설한 야간 경영자 수업을 배우며 최신 동향의 경영과 마케팅 기법을 배우고 내가 하는 사업에 도입하고자 했다. 고객들은 야채 도매시장에 와서 이 가게 저 가게 돌아다니며 알뜰하게 저렴하게 사들일 수 있지만, 문제는 시간과의 싸움이었다. 그렇게 하면 구매 비용은 절약되었지만, 한잠이라도 더 자야 하는 영업집 사장님에게는 시간적인 부담과 체력의 한계가 발생한다. 그래서 영업집에 필요한 일체의 농산물과 공산품, 일회용품, 쌀, 김치, 육류, 수산물 등 모든 식재재를 주문받아 새벽에 배송해 주는 시스템을 도입하기로 했다.

나는 영업을 하러 다니는 대신 당시 유행하는 홈페이지를 만들어 고객을 유치하기로 했다. 홈페이지를 내가 직접 디자인해 구성하고 제작자에게 비슷하게 제작해 달라고 요청했다. 얼마 후 홈페이지 제작자는 비슷하게 제작해 완성품을 보여주었고 나는 만족했다. 그리고 배송 기사를 채용공고로 모집하고 식자재 토탈구매 서비스를 하기 위한 준비 작업에 착수해 나갔다. 얼마 후 배송 기사로 군에서 제대한 지 얼마 안 된 특전사 출신 전역자가 지원했다. 이 일을 하기 위해서 운전 실력과 체력이 좋은 사람을 우선 선발 대상으로 생각하고 있었는데, 그 특전사 출신 박 씨는 내가 원하는 조건을 모두 갖추고 있었다. 나는 박 씨에게 앞으로 우리가 할 일과 계획에 관해 설명해 주었고 박 씨는 꽤 흥미를 보였다. 사회 첫 경험으로 장사를 하다 실패해 두 번째로 갖게 되는 직업이라 했다. 박 씨도 새 출발이고 나도 새 출발이었다. 우리는 의기투합하여 완성된 홈페이지를 드디어 오픈했다.

홈페이지를 개설하자마자 예상하지 못한 문의 전화와 주문 쇄도가 이어졌다. 나는 영업집의 필요를 잘 알고 있었고 홈페이지에 딱 그 부분을 언급하고 있었다. 문제는 진짜로 그것을 실현하는 일이다. 시장의 필요도 알고 있었고, 접근법과 고객의 필요도 잘 파고들었지만, 현실로 구현해 내는 것은 다른 차원의 문제였다. 주문을 받고 거래가 시작되었지만, 현실적으로 고객들에게 만족을 주지는 못했다. 우리는 일련의 시행착오를 거쳐 좀 더 완성도 높은 종합 식자재 가게를 만들어 보기로 했다. 또 다른 도전이자, 진통의 시작이었다. 6가지 핵심 전략으로 고객의 약속을 다짐해 시행하기로 했다.

핵심 가치
1. 고객 콜센터-고객 불만 접수를 언제든지 접수할 수 있는 창구역할
2. 농산물 A/S 제도-제품에 하자가 있을 시 바로 빠르면 당일 늦어도 다음 날까지 A/S를 해주는 제도
3. 오전/오후 하루 2번 배송
4. 모든 농산물 가격을 사이트에 오픈(농산물은 권장 소비자 가격이 없어서 가격이 합리적인지 궁금해하는 고객에게 사이트에 가격을 그래프로 매일 보여주는 파격적인 시도)

5. 소포장 패킹 작업으로 겨울철, 여름철 식자재 보호 및 배송 중 물건 파손 방지
6. 주방 선입선출로 정리 정돈-재고를 먼저 쓸 수 있게 식자재를 관리

위의 6가지 약속으로 고객과 역할 분담 파트너십을 내세워 모든 식자재 구매는 우리가 담당하고 영업점은 영업에 전념하고 매출에 신경 쓸 수 있게 해주는 역할 분담 파트너십을 슬로건으로 내세웠다. 반응은 너무 좋았고 매출은 급증했다. 배송 기사 한 명으로 시작해서 4명의 기사와 차량 4대로 늘어나 창고 2개, 농산물 소포장 공장 1개, 매장 1개, 사무실 1개를 일구며 직원은 총 8명으로 명실상부한 소기업으로 일어섰다. 전혀 예상하지 못했던 시장 반응이었다. 이와 함께 더불어 대기업들이 우리와 거래하기를 원했고, 우리를 지역대리점으로 계약맺기를 원했다. 또한 많은 동종업계 기업들이 우리의 핵심 가치를 따라 하는 일까지 벌어졌다. 매출은 더 급상승했고, 수입 곡물 경매권도 가지게 되었다. 식자재 중견기업 출신인 타 기업 전무도 스카우트 해오기에 이르렀다. 누가 봐도 명실상부 종합 식자재 유통 소기업이 되었다. 이 시기에 미군 부대 납품권이 동시에 터지면서 최고 전성기를 누렸고 매출은 1년에 20억이 넘었다. 시장에서 다시 재기에 성공했고, 지난날의 실패를 거울삼아 작은 일에도 소홀히 하지 않고, 납품받는 업체도 소홀히 여기지 않으며 납품을 이어갔다.

그러나 문제는 여기서부터 시작되었다. 갑자기 늘어난 직원들을 다루기가 어려웠다. 나보다 나이 많은 7명의 직원을 통솔하기란 어린 나이에 여간 힘든 일이 아니었다. 4~50대 직원들은 이제 서른 살 막 넘은 어린 사장의 말을 듣지 않았다. 가장 기본적인 출근 시간과 퇴근 시간 규정도 지키지 않았다. 심지어 몇몇 직원들은 술을 먹고 출근을 안 하는 날도 빈번하게 있어 내가 대신 배달을 가야 하는 경우가 비지 기수였으며 사무실은 119의 사고 출동 신고 접수 센터처럼 늘 직원들의 사건 사고가 접수되어 늘어난 사건 사고에 대한 통제가 나의 수명을 점점 단축시키는 것만 같았다. 직원들의 교통사고가 늘어나는 것이 가장 큰 스트레스였다. 차량이 파손되는 것도 문제이지만, 누군가라도 다치기라도 하면 처리 비용은 만만치 않았다. 오히려 배보다 배꼽이 더 컸다. 그뿐만 아니라 야간업무가 익숙하지 않은 직원들은 물건을 잘못 싣거나 다른 거래처에 잘못 배달해 다시 A/S 해주는 경우가 비일비재했고, 급기야 거래처 주방의 분실 사고가 발생해 우리 직원들이 오해받는 일까지 벌어져 통제 불능에 이르렀다.

그러던 어느 날, 심한 어지럼증으로 대학병원에서 검사를 받았는데 메니에르라는 어지럼증 진단을 받게 되었다. 이 문제를 타계하지 않으면 과로로 죽을 수 있다는 무서운 생각이 들어 돌파구를 찾고자 하나님께 매달려 기도했다. 하나님께서 이 문제 해결책을 또한 알려주실 것이라 믿고 기도하며 성경을 매일 읽었다. 말씀을 읽던 중 "두세 사람이 내 이름으로 모인 곳에는 나도 그들 중에 있느니라"하는 마태복음 18장 20절이 마음에 꽂혔다. 순간 책상을 치며 '바로 이거야!' 하고 외쳤다. 내가 안 보이면 항상 직원들은 사고를 치고, 그렇다고 매일 직원들을 내가 직접 좇아다닐 수도 없지만, '예수님이 함께 있으면 사고를 치지 않겠지!' 하는 생각이 들었다. 바로 그 주 교회로 가 교회 전도사님에게 내가 겪고 있는 직원들과의 힘든 문제를 나누고 주중에 우리 회사로 와 직원들에게 성경 말씀을 가르쳐 줄 것을 간곡히 요청했다. 전도사님은 그런 거라면 당연히 하겠다고 했고, 얼마 후 담임 목사님에게 허락을 받았다고 연락이 왔다. 매주 화요일 말씀을 전하러 오겠다고 했다. 너무 기뻤다. 두세 사람이 모인 곳에 나도 너희와 함께 계신다는 말씀이 꼭 나에게 어려운 수수께끼에 답을 준 것만 같았다.

다음날 바로 이 소식을 회사 방침으로 우리 직원들에게 아침 조회 시간에 발표했고, 종교를 강요한다고 불만을 표출하고 반발하는 직원들에게 내가 이 회사를 시작하게 된 계기와 내 삶의 간증을 이야기해 주고 설득했다. 이 회사에서 복음을 전하지 못한다면 나는 이 회사를 운영할 이유가 없다고 나름 배수의 진을 치며 말을 했고 마지 못해 직원들은 일단 받아들이는 분위기로 흘러갔다. 드디어 화요일 오후 4시에 첫 성경 공부가 시작되었다. 성경 공부는 창세기부터 시작되었고 정말 의외의 반응을 보였다. 정말 지구가 6일 만에 만들어졌는지? 선악과는 무슨 과일이었는지? 인간이 먹을 줄 알면서 하나님은 왜 선악과를 만드셨는지? 하며 성경 공부를 거부한 직원들이라고 믿기 어려울 만큼 뜨거운 반응을 보이며 질문들이 이어졌다. 매주 화요일은 성경 공부 시간으로 달아올랐다. "이런 공부는 배우면 좋을 거야, 이런 공부라면 얼마든지 하겠다. 종교 강요인 줄 알았더니 좋은 교양 공부야."라고 놀라운 반응을 보이며 서로 수군댔다.

어둡고 음침한 농산물 창고에서 임한 하나님 나라는 이렇게 갑자기 우리에게 강한 빛으로 임하게 되었다. 마음은 따듯했고 이때 광경은 천국이 따로 없었다. 그날 회사 농산물 창고에 성경 말씀처럼 예수님이 우리와 함께 계심을 느낄 수 있었다. 정말 잘한 선택이었다. 시간이 지날수록 직원들과의 사소한 문제들이 하나둘씩 잡히기 시작했고, 매주 화요일 성경 공부 시간을 기대하게 되었다. 모든 인간 군상들이 다 모인 이 상막한 시장에서 성경 공부는 영혼의 오아시스 같은 역할을 했다. 회사에서 성경 공부하기로 한 이 결단을 하나님께서 예배로 받으셨다는 강한 감동이 들었고, 나는 내 인생의 새로운 국면으로 점점 접어들고 있었다.

주의 이름을 부르는 자는
구원을 받으리라

이제 화요일 성경 공부 모임은 우리 직원들뿐만 아니라 다른 가게 상인들까지 모이기 시작했다. 수입 김치 무역상 사장님, 방앗간 집 사장님, 김치 회사 영업사원까지 합류하기 시작하면서 매주 성경 공부 모임은 활기가 넘쳤다. 예상하지 못한 일이었다. 때마침 전도사님이 기타를 들고 와 찬양을 시작하면서 그 작은 농산물 창고가 교회로 변하는 것 같았다. 일터에 영적인 모임이 시작된 것이다. 그러던 어느 날, 전도사님에게서 한 통의 전화가 걸려왔다. 교회의 여러 가지 개편이 있을 것이고, 그 개편 후 아마도 더 이상 자신이 영등포 성경 공부 모임을 지속하기 어려울 것 같다는 말이었다. 그래도 이미 시작한 성경 공부를 중단할 수 없어 내가 직접 성경 공부를 이어가기로 마음 먹었다. 그동안 교회에서 훈련 받은 교재를 바탕으로 나만의 쪽복음을 만들어 내가 경험한 하나님이 주신 간증을 더 해 성경 공부를 이어갔다.

그런데 몇 개월이 지났을까 위기가 왔다. 신학을 배운 것이 아니었기 때문에 성경 공부 내용은 바닥이 나 더 지속할 수가 없었던 것이다. 그러던 어느 날, 우리 농산물 창고 옆에 신도림 테크노마트에서 수원하나교회 고성준 목사님의 특강이 있다는 포스터 광고를 보았다. '어~, 우리 형 교회 목사님이신데 어떻게 여기까지 오시지?' 하는 생각과 특강 내용이 궁금해져 강의를 들어보고 싶어 집회가 있는 날 현장으로 갔다. 사람들은 인산인해를 이뤘고 나는 근무복 차림으로 저 멀리 맨 뒤에 앉아서 강의를 들었다. 목사님은 무려 3시간 가까운 시간을 논스톱으로 강의하셨고, 말씀은 굉장히 빠른 속도로 속사포같이 쏟아졌다. 내용은 인류의 역사와 돈과의 관계를 성경적 관점에서 설명하셨다. 남녀노소 누구나 알아들을 수 있게 명쾌하고, 쉽고, 재밌게 풀어주셨다. 나는 그 특강에 매료되었고 그날 사무실에 돌아와 특강을 듣고 기억에 남는 내용들을 노트에 적었다. 한 번 들은 그 특강은 내 머릿속에 다운로드 된 것처럼 남아 있어, 그 내용을 잊어버리기 전에 노트에 남기고 싶었다. 당시 스마트폰도, 유튜브도 없던 시절이라 그런 특강을 듣고 다시 들을 수 있는 기회가 없었기에 최대한 기억나는 대로 노트에 적어 둔 것이다.

목사님과의 첫 만남은 군대 말년 휴가 때였다. 당시 수원하나교회 간사였던 작은형은 휴가 나오면 자신이 있는 수원에 꼭 한번 오라고 했었다. 수원역에서 내려 교회가 있는 영통으로 버스를 타고 갔다. 교회 앞에 형이 마중 나와 있었다. 우리는 근처 식당으로 들어

갔다. 형은 군 생활하느라 고생이 많았다고 인사를 하고 제대 후 앞으로의 계획에 대해 물었다. 나는 안 그래도 11월에 수능이 있어 그 시험을 준비하고 있다고 말했다. 10월에 제대인데 11월에 수능을 볼 수 있겠냐는 형의 물음에 부대에서 몇 개월 전부터 공부를 하고 있었다고 말해 주었다. 식사 후 목사님께 인사 드리기 위해 교회로 갔는데 목사님이 나오셨다. 형이 목사님께 소개해 주었다.

"목사님! 제 동생 성한이 입니다. 이제 다음 달에 제대합니다."
"어~, 반가워요. 처음 보네. 이야기 많이 들었어요."

목사님은 인사를 건네주시고 반갑게 맞아 주셨다. 나는 교회 사무실 이곳저곳을 자세히 둘러보았고 목사님에 대해선 의구심이 많았다. 처음부터 형이 교회 간사직에 취직한 것과 그 교회와 목사님과 어떤 관계인지 궁금했었다. 이것이 목사님과 첫 만남이었고 훗날 이 만남으로 신도림테크노마트에서 특강을 듣는 시간은 강의하시는 목사님을 알아볼 수 있는 계기가 되었다. 하나님은 다 계획이 있으셨다. 하나님 계획안에서 모든 만남은 우연이 없다. 작은형과 나는 목사님과 인사 후 다시 1층으로 내려와 집으로 가기 위해 버스정류장으로 가면서 나는 평소 궁금하게 생각했던 것을 물어보았다. 군대에서 형이 대학원 졸업 후 일반직장이나, 공부를 더 할 것으로 생각했었는데, 갑자기 교회에 취직했다는 소식을 듣고 의아해하고 있었기 때문이다. 제대 후 앞으로의 나의 진로에 대해 걱정하는 형의 마음과는 전혀 상관없이 나는 오히려 형이 더 걱정스러웠다. 멀쩡히 대학원까지 나와 직장에 들어가 돈 벌 생각은 안 하고 교회 취직이라니 도저히 납득이 되지 않았다.

"갑자기 교회에 왜 취직한 거야? 그러려고 비싼 돈 내고 대학원까지 나온 거야? 교회는 그냥 아무 때나 취직할 수 있는 것 아니야? 이해가 안 되네."
"성한아! 형이 하나님께 비전을 받았어. 하나님이 중국에 있는 영혼들을 보여주셨어. 형은 선교사가 되기 위해 교회에서 준비하려고 해."

나는 무척 황당했다.

"하나님이란 분이 정말 그렇게 이야기했어? 형보고 중국 선교사 되라고?"

형이 급기야 광신도가 되었다는 무서운 생각이 들었다. 이 정도면 돌이키기 어렵겠다고 판단했다. 마음의 평안을 위해 종교를 갖는 것은 괜찮다고 생각했지만, 중국까지 가서 선교사가 되겠다고 한 말은 당시 신앙이 없던 나에게는 형은 이미 완전히 교회에 세뇌가 되어있다고 생각되었다. 신도림에서 목사님의 특강 후 그때 당시를 회상하며 형에게 전화를 걸었다. 고 목사님이 회사 근처 특강 장소에 오셨다고 말하고 목사님의 설교 테이프를 요청했다. 형은 mp3 파일로 몇 개의 설교 말씀을 나에게 주었다. 나는 목사님의 설교를 거의 다 외우다시피 들었고, 다 들을 때마다 새로운 mp3 설교를 요청했다. 이로써 목사님의 mp3 설교 말씀을 우리 회사의 성경 공부 모임 때 활용하며 이어갔고, 당시 나에게는 참 좋은 생명줄과도 같은 역할을 하였다. 조금씩 어느덧 나도 모르게 사역의 길로 가고 있었다. 지금 생각해 보면 하나님은 참 계획적이시다.

가끔 시간이 날 때마다 내가 만든 1분 복음 전단지를 들고 영등포 기차역 플랫폼에서 복음 전단지를 사람들에게 나누어 주었다. 어느 영하의 추운 겨울이었다. 한 아주머니가 내 눈에 들어왔다. 아주 느린 걸음으로 조심스럽게 한 발자국, 한 발자국 떼며 걷고 계셨다. 나는 특이해서 그 아주머니를 천천히 바라보고 있었다. 아주머니는 뒤에 오줌보 같은 주머니를 땅바닥에 끌며 천천히 걸었고, 몸은 마른 장작 나무처럼 너무 말라 있었다. 저렇게 걷는 속도로는 10미터를 1시간도 더 걸릴 것 같은 너무 느린 속도였다. 이 추운 날씨에 집이 어딘진 모르지만, 오늘 안에 집에 못 가실 것 같아 아주머니께 조심스럽게 다가가 여쭤보았다.

"아주머니! 집이 어디세요?"
"저기, 영등포역 뒤편이요."
"영등포역을 건너가야 돼요? 아주머니 혼자 가실 수 있겠어요?"
"걷는 게 너무 힘들어요."
"어디 다녀오시는 길이에요?"

"병원이요. 오늘 검사받는 날이었거든요."

작은 목소리로 말하는 아주머니가 너무 안쓰러워 나는 아주머니 오줌보를 손에 잡고 부축하면서 아주머니 걸음에 보조를 맞추어 집까지 모셔다 드렸다. 영등포역 뒤편에 작은 쪽방촌이 모여있는 곳으로 들어섰다. 아주머니 집은 거기에 있었다. 나는 태어나 처음으로 그렇게 가난하게 사는 사람들이 우리나라에 존재한다는 걸 보고 충격에 빠졌다. 사람 사는 집이라고는 믿어지지 않았다. 개집도 이것보다 나을 거란 생각이 들었다. 세 사람 정도가 앉으면 꽉 차는 방안에 지붕은 무너져 한쪽이 기울어져 내려앉아 있었고, 집안 세간살이라고는 요강과 밥통이 전부였고, 옷가지와 약, 먹다 남은 음식물들이 널브러져 있었다. 아주머니는 청소할 기력이 없어 보였고 두꺼운 파카를 벗고 기울어진 지붕 밑 한편에 누우셨다. 몸은 뼈에 가죽만 붙어 있는 몰골에 몸무게는 어림잡아 30킬로 후반대로 보였고, 방은 냉골에 전기장판만 의지하고 계셨다. 그 모습이 너무 처참하고 불쌍해 지옥이 있다면 여기가 지옥일 것이라는 생각이 들었다. 아주머니가 그런 몸 상태로 병원에 갔다 온 것이 기적적으로 느껴졌다.

그날 회사에 다시 돌아와 업무를 보면서도 낮에 있었던 그 아주머니와 집안의 장면이 머릿속에서 잊혀지지 않았다. 서울 한복판에 그렇게 가난하게 사는 사람들이 있다는 것이 충격이었고, 예수 믿고 사는 게 무엇인지 근본적인 물음을 나 자신에게 하게 되었다. 지금껏 내 상처, 내 문제, 내 삶의 개선을 위해 포커스를 두고 신앙생활을 해왔다. 하나님께서는 날 다른 차원의 세상을 또 한 번 보여 주셨고 나는 많은 생각에 잠겼다. 복음은 나뿐만 아니라 다른 사람을 살리는 생명이다. 우리가 하나님의 생명을 먼저 받은 자로서 복음을 우리 개인의 삶의 만족에 국한 시켜서는 안 된다. 그것은 반쪽짜리 복음에 머물러 있는 신앙이다. 반드시 생명은 흘려보내야 한다. 물이 고여 있으면 썩고 흐르면 생명력을 유지 할 수 있듯이, 생명을 이웃사랑으로 흘려보내야 그 생명력을 유지 할 수 있다. 우리 신앙도 이와 같이 생명력을 유지하기 위해 반드시 복음을 전하는 실천적 삶이 뒤따라야 할 것이다.

그 뒤로 나는 여러 차례 아주머니 집을 찾아가 과일과 음료수를 사다 드리곤 했다. 어느 날, 아주머니 집을 청소해 드리고 싶은 마음이 있어 아주머니 집을 청소하고 있었다. 그때 웬 할머니 수녀님이 집으로 들어오셨다. 수녀님은 내가 있는 것을 보고 깜짝 놀라셨다. 나한테 누구냐고 물어 나는 아주머니를 어떻게 알게 되었는지 자초지종을 말씀드렸다. 그리고 문래동에서 작은 식자재 회사를 운영하고 있는 사람이라고 소개하고 명함을 드렸다. 그 할머니 수녀님은 외국인이셨다. 19세 때 한국의 선교사로 이탈리아에서 파송 받아서 와 이제 70이 훌쩍 넘으셨다. 한국을 너무 사랑하시는 수녀님이셨다. 수녀님은 한국말을 아주 유창하게 하셨고 이제 한국 할머니가 다 되신 것 같았다. 수녀님은 꽤 오랜 기간 동안 이 아주머니를 돌보고 계셨고 건강을 챙겨 오셨기에 아주머니 사정도 제게 말씀해 주실 수 있었다. 간암 말기 환자이시고 이제 살 날이 많지 않다고 하셨다. 남편이 알코올 중독으로 술만 먹으면 아주머니를 때리고 나라에서 나오는 보조금을 뺏어가 술로 방탕한 생활을 한다고 했다. 그래서 아주머니가 몇 번이고 이혼을 요구했지만 아저씨는 이혼을 해주지 않는다고 했다. 왜냐하면 아주머니 앞으로 나오는 정부 보조금을 받으면 그 돈을 가지고 술을 계속 먹을 수 있기 때문에 절대 이혼을 안 해준다고 했다. 아주머니에겐 지옥이 따로 없는 삶이었다. 삶 자체가 지옥이었다. 아주머니에게 예수 믿어야 죽어서 천국에 간다고 말한들 이 아주머니한테 그게 무슨 위로가 될 수 있을지…, 또한 현실적으로 무엇하나 속 시원하게 아주머니의 무거운 삶의 짐을 해결해 줄 수 없어 답답한 마음을 금할 수가 없었다.

    수녀님은 이제 아저씨가 돌아올 시간이니 나보고 빨리 나가라고 했다. 수녀님한테 아주머니 사연을 들은 나는 너무 마음이 아팠다. 살날이 얼마 남지 않은 아주머니를 한 번이라도 더 보기 위해 시간이 날 때마다 자주 가기로 했다. 이것이 내가 해줄 수 있는 전부였다. 어느 날, 아주머니 집에 갔을 때 수녀님이 앉아 계셨다. 수녀님이 조금 위태로운 모습으로 아주머니를 보고 계셨다. 어제 남편분이 와서 술에 취해 아주머니를 때렸다는 것이다. 아주머니는 고통에 약도, 식사도 못하고 있다고 했다. 생명이 위태로워 보였다. 아주머니가 너무 불쌍했다. 수녀님과 나는 눈물만 흘렸다. 아주머니의 삶이 너무 가혹스러워 그냥 아주머니가 차라리 죽는 것이 나을 것이라는 생각이 들었다. 아주머니가 희미한 목소리로 딸이 보고 싶다고 말했다. 딸이 하나 있는데 어릴 적에 죽었다고 말하면서 그 딸이 보고 싶다고 말했다. 나는 아무 말도 못하고 아주머니 곁을 지키다 내가 뭘 해야 될지 잠시 생각에 잠겼다가 순간 아주머니에게 예수님을 구주로 영접하신 적이 있냐고 물었다. 그랬더니 아주머니는 그게 뭐냐고 물었다. 나는 수녀님에게 아주머니를 위해 예수님 영접 기도를 해드려도 되는지 조심스럽게 물었다. 왜냐하면 아주머니가 천주교 신자일 수도 있다는 생각이 들었기 때문이다. 하지만 정확하게 예수님을 구주로 영접했는지는 아주머니의 확인이 필요할 것 같았다. 수녀님은 나에게 기도해주어도 괜찮다고 했다.

그날 내 인생에서 처음으로 누군가에게 예수님 영접 기도를 한 순간이었다. 나는 무늬만 사업가였지 이미 영혼 구원 사역의 길로 접어들고 있었다. 나는 우리 형에게 받았던 예수님 영접 기도를 떠올렸다. 순간 성령께서 해야 할 기도를 알려 주셨다. 아주머니가 따라 할 수 있도록 한 문장 한 문장 천천히 기도했다. 나는 예수님 영접 기도가 아주머니에게 꼭 필요한 시간이라는 걸 알 수 있었고, 사람이 보기에 그의 삶이 지옥 같아 보이나 아주머니의 삶은 그것을 통해 예수님을 진정으로 만날 수 있는 시간이라는 확신이 들었다. 30킬로 남짓 되지 않아 보이는 말기 암환자인 그 아주머니도 인간적인 눈으로는 불쌍하지만 하나님 앞에서는 구원받아야 할 죄인일 뿐이라는 사실이 나의 정신을 번쩍 들게 했다. 마른 장작 같은 몸으로 하나님 앞에 죄인임을 고백한 아주머니의 모습을 보면서 스스로 죄인임을 진실로 깨닫는 것이 얼마나 어려운지 하나님이 나에게 생생히 보여 주셨다. 육신이 무너진 후에야 하나님 앞에 비로소 나아가는 죄인임을 고백한 아주머니의 모습을 보면서 인간의 죄 된 본성과 죽음 문제의 실재를 하나님은 내 눈앞에 생생하게 보여 주셨다.

그렇다. 우리는 모두 하나님 앞에 구원받아야 할 죄인이다. 나는 이 기도를 통해 보이는 것이 전부가 아닌 영적인 세계에 실질적인 눈을 뜨게 되었고 복음을 전하는 것이 얼마나 중요한지를 깨닫게 되었다. 많은 사람이 교회를 다니고, 또 예수님을 구주로 영접한다. 그러나 구원은 공식이 아니다. 우리는 우리가 믿고 있는 인간적인 기대가 철저히 무너지지 않으면 하나님 앞에 스스로 죄인임을 인정하지 않는 엄청난 자아를 가진 죄인일 수밖에 없다. 입으로는 믿는다고 하지만 복음을 전하지 않는 것은 회개가 아니라 반성에 지나지 않는다. 구원은 나에게 일말의 선함이 존재하지 않는 철저한 죄인임을 깨닫게 한다. 하나님의 조건 없는 은혜를 경험한 자만이 믿음으로 구원을 얻는 것이다. 기도를 끝마치자 아주머니는 감사하다며 눈물을 흘리셨고, 진짜로 예수님이 믿어진다고 하셨다. 수녀님도 눈물을 흘리며 내 기도문을 옆에서 따라 하셨다. 수녀님도 진심으로 고맙다고 표현하셨다.

그날 우리는 그 작은 쪽방에 임한 하나님 나라를 경험했다. 인간적인 눈으로 아무리 지옥 같아 보이는 곳도 하나님은 얼마든지 천국으로 바꾸실 수 있으신 분이시다. 진흙탕에서 피어나는 연꽃처럼 우리 크리스천의 삶도 그러해야 한다. 진흙탕 같은 세상 속에 들어가 하나의 연꽃처럼 피울 수 있는 삶을 하나님은 원하신다. 그것이 복음의 능력이다.

하늘 아버지께서 구하는 자에게

쪽방에서 작은 천국을 경험한 후 보름 정도 시간이 흘러 수녀님에게서 연락이 왔다. 아주머니가 돌아가셨고 장례를 다 치르고 내 생각이 나서 전화하셨다고 한다. 수녀님은 회사 앞으로 날 찾아와 고맙다는 말을 직접 하고 싶다고 하셨다. 수녀님은 나에게 본인 사역 이야기를 들려주셨다. 수녀님은 놀랍게도 영등포 성매매 업소인 집창촌 한가운데 거주하시면서 그곳에 종사하는 성매매 업소 여성들을 물씬 양면으로 섬기며 그곳을 벗어나 새 삶을 살 수 있도록 돕는 사역을 하고 계셨다. 몇 년 전에는 한 자매가 수녀님의 도움으로 성매매 업소를 나와 정상적인 직업을 갖고 교회 주일학교 교사를 하게 된 사연도 말씀해 주시면서 정기적으로 수녀님께 편지를 보낸다고 하셨다. 또 수녀님은 한 아파트에서 무려 고아 4명을 양육하고 계시는 사연도 말씀해 주셨다. 수녀님의 이야기는 나에게 충격으로 다가왔다. 이름도, 빛도 없이 너무 가까운 곳에서 영혼들을 위해 자신의 전 삶을 드리며 사는 수녀님의 삶이 경이롭게 느껴졌다. 수녀님의 삶 자체가 이미 순교한 거나 다름없는 순생자의 삶을 살고 계셨다. 70대 노인이셨지만 나에게 말씀하실 때는 10살 어린아이처럼 너무 맑고 순수하게 세상 부러움 없는 사람처럼 행복해 보이셨다.

아직도 수녀님의 얼굴이 내 눈에 선하다. 수녀님의 이야기를 들으면 들을수록 감동의 연속이었다. 나는 가톨릭에 대해 좋지 못한 편견을 가지고 있어 한 번도 가톨릭에 대해 좋게 생각해 본 적은 없었으나, 수녀님을 만나고 나서 편견을 조금씩 내려놓았다. 하나님을 사랑한다는 것은 구체적으로 이웃사랑으로 표현되는 것임을 수녀님의 삶을 통해 알 수 있었다. 신앙은 관념이 아니다. 하나님의 말씀을 실제 삶으로 살아내는 것이다. 우리는 많은 부분 성경의 지적 동의와 깨달음을 통해 마치 믿는 것처럼 착각하며 사는지도 모른다. 믿음이란 반드시 삶으로 살아내는 것으로 증명되어야 한다. 예수님을 구주로 영접했다는 것은 이제 내 인생의 운전대를 내가 아니라 예수 그리스도께 맡기는 삶을 뜻하는 것이다. 우리는 예수님을 믿는다고 하지만 여전히 내가 내 인생의 운전대를 잡고 예수님을 보조석에 앉히면서 예수님을 내 삶의 주인이라고 말한다. 왜 그럴까? 예수님이 차에 타고 계신다고 생각하기 때문이다. 예수님께서 차에 함께 타고 계시는 걸로는 부족하다. 반드시 차의 운전대를 예수님께 드려야 만이 예수님을 구주로 영접한 것이다. 우리는 많은 부분 차에 문제가 생기거나 멈추면 보조석에 계신 예수님께 도움을 요청한다. 기름이 떨어지면 "기름 넣어 주세요." 교체해야 할 부품이 있으면 "부품 좀 교체해 주세요."라고 차주의 목적지와 상관없이 차를 운전하면서 마치 그게 당연하다는 듯이 예수님께 요청한다. 하지만 우리 차의 차주는 예수님이시다. 차에 필요를 채우는 일은 차주이신 예수님이 결정하시는 것이다.

　우린 이런 모습으로 인생을 살아가면서 예수님을 믿는다고 착각한다. 그러나 정말로 믿는다면 위치가 바뀌어야 한다. 예수님이 운전석에 계시고 내가 보조석에 앉아 있어야 한다. 예수님이 운전대를 잡고 계신 인생은 안전하다. 그분이 알아서 차에 기름을 넣을 것이고, 그분이 차를 제때 수리하실 것이다. 이것이 믿음으로 예수님과 동행하는 삶의 첫 단추인 것이다. 그 첫 시작은 바로 내가 내 인생의 운전대에서 손을 떼는 것이다. 내가 운전대를 붙잡고 있는 한 차는 계속 고장이 날 것이고 기름은 내 손으로 계속 채워져야 할 것이다. 운전대를 예수님께 맡기는 믿음의 삶을 시작할 때 시작은 불안하고 두렵고 막연할 수 있겠으나 그때부터 내 인생이 아니라 하나님의 인생으로 우리 삶이 바뀌는 것이다. 예수님께 운전대를 맡기는 삶이란 어떤 결정을 할 때 기도하고 하나님의 구체적인 응답이 있을 때까지 인내심을 갖고 기다리는 삶을 말한다. 그렇지 않으면 먼 길을 다시 길게 돌아오게 될 것이다. 이것이 훈련이 된 사람들은 그때부터 비로소 삶의 모든 필요를 채우시는 하나님을 경험하게 되고 내가 생각하지 못한 찬란한 인생으로 바뀌게 될 것이다. 하나님은 우리 인생에서 가장 좋은 것을 주시는 분이시다. 수녀님은 마지막으로 무릎 관절염 수술을 받으러 이탈리아로 돌아가신다고 하셨다. 자신이 19세에 한국에 처음 왔을 땐 한국 사람들은 너무 가난하고 불쌍했지만 이제 한국은 이탈리아보다 잘 사는 것 같다며 본인이 할 것이 별로 없다고 하셨다. 그렇게 수녀님은 마지막 인사를 하고 수술을 위해 이탈리아로 가셨다. 얼마 후 베따레나 수녀님의 동역자 수녀님을 만났는데 그분이 베따레나 수녀님의 사역을 계속 이어가셨다. 나는 우리 회사에서 수녀님의 고아 사역에 조금이나마 보탬이 되고자 여러 생필품을 제공해 드리면서 수녀님을 도왔다.

틈이 나는 대로 영등포역 노방전도와 신도림역 노방전도와 문래역 근처 식당 상가를 방문해 준비한 복음 전단지를 나눠주는 복음 사역을 계속해 나갔다. 물론 복음 전단지을 보고 예수님을 믿는 경우는 거의 없다. 나는 나를 위해서 그리고 그렇게 하는 것이 내가 하나님을 사랑하는 표현의 방식이라 믿으며 기쁨으로 했다. 식당 브레이크타임 시간에 들어가 복음 전단지를 나눠주며 함께 이야기를 나누고, 때에 따라 기도 제목을 말하는 사람들에게 기도까지 해주는 경우도 종종 있었다. 점점 사역에 시간을 더 많이 보내는 날이 많아졌고, 복음 전단지는 하나님이 예비하신 영혼들을 만나는 하나의 도구로서의 역할을 했다.

그 무렵 나는 잊을 수 없는 한 꿈을 꾸게 되었다. 꿈에서 신도림역 안에 수많은 인파 속에 있었다. 어떤 사람은 색채로 보였고 어떤 사람은 흑백으로 보였다. 꿈이었지만 너무 신기했다. 흑백인 사람에게 말을 걸고 만지려 했으나 사람들을 만질 수 없었고, 사람들은 날 알아보지 못했다. 마침 대학 때 친구를 보았다. 그의 색깔은 흑백이었다. "정연아~ 정연아!" 그 친구의 이름을 불렀지만, 그 친구는 나를 못 알아보고 대답 없이 지나갔다. 기분이 이상했다. 살아있어 움직이지만 마치 죽은 사람들 같았다. 반면에 흑백인 사람들 틈에 드문드문 색채로 된 사람들이 보였다. 그들은 살아있었고 내가 말을 걸었을 때 반응을 보였다. 내가 한 색채로 된 사람에게 말을 걸었다.

"아저씨! 문래역으로 가려면 어떻게 가야 하나요?"
"반대편으로 건너가서 전철을 타세요."

나는 그 아저씨 말을 듣고 반대편으로 건너가 전철을 기다렸다. 시간이 되자 "빵~~~" 하는 소리와 함께 열차가 들어왔다. 전철을 운전하는 차장으로 보이는 사람이 눈에 확 들어왔는데, 꿈이었지만 나는 너무 깜짝 놀랐다. 전철을 운전하는 차장의 머리카락이 뱀으로 되어 있었다. 그리스 로마 신화에서 나오는 "메두사" 같은 모습이었다. 열차는 내 앞에 멈춰 섰고 문이 열리자, 흑백으로 된 사람들이 빼곡하게 가득 차 있었다. 나는 사람들에게 "이 열차의 차장이 메두사예요. 여러분 빨리 여기서 내리세요."라고 소리쳤다. 그러나 아무도 내 목소리를 듣는 사람이 없었고 내리는 사람도 없었다. 사람들은 내 목소리를 듣지 못했고 차장이 "메두사"인지도 알지 못하고 계속 그 열차에 타고 있는 상황이 꿈이었지만 너무 답답하고 안타까웠다. 열차는 타는 사람만 있었고 내리는 사람은 없었다. 이 상황을 사람들이 모른다고 생각하니 복창이 터지는 것만 같았다. 열차가 떠나고 그다음 장면은 기억이 나지 않았다. 꿈은 너무 생생했고, 꿈에서 열차에서 내리지 못한 많은 사람이 어디로 갈지 생각하니 대략 짐작이 되어 애통한 마음이 들었다. 나는 노트에 적는 습관이 있어서 이날 꿈을 노트에 상세히 적었다.

이 꿈은 나에게 큰 영향을 주었다. 내가 왜 복음을 전해야 하는지 확신을 갖게 했다. 숨 쉰다고 다 살아 있는 존재가 아니었다. 예수를 믿는다고 하지만 실제로는 죽는 자들의 영혼이 너무 많다는 것과 영혼의 생과 사의 실재를 사실적으로 꿈으로 본 것 같았기 때문에 이 꿈 내용을 곧바로 그날 아내에게 말하면서 "사업보다 복음 전도에 더 사명감을 가지고 시간을 더 투자하고 싶다."고 했다. 아내는 내가 하는 이야기를 진정성 있게 받아주었고 정신과 의사인 아내는 검사라도 하듯 나에게 질문을 몇 개 하더니 나의 복음 전도 일에 전적으로 서포트 해주기로 약속했다. 지금도 마찬가지지만 아내는 하나님이 나에게 주신 상급과도 같은 선물이다. 늘 한결같이 전폭적인 지지와 기도로 사역의 동역자가 되어주었다.

그의 언약

아내와의 만남도 그때 당시를 회상하면 하나님의 섭리가 있었다. 나는 사업 초창기라 내세울 만한 것이 별로 없었다. 말이 사업이지 가건물 같은 점포에서 작은 사무실을 차려 납품업을 시작하려는 단계였고, 아내는 정신과 전문의로 우리나라에서 나름 유명한 병원에서 근무하고 있었다. 나는 병욱이가 떠나고 새로운 배송직원과 다시 가게를 일으키기 위해 한창 연구하고 있었고, 그때마다 교회 기도실을 자주 가던 시절이었다. 그런데 내가 기도실에 갈 때마다 항상 기도실에 있는 한 자매를 보게 되었고, 예배 시간 무대에서 찬양팀으로 섬기는 자매인 것을 알게 되었다. 지금의 아내가 한눈에 들어왔고 왠지 모르게 진지하게 한번 이야기를 나누고 싶은 생각이 들었다. 당시 내가 다니던 교회는 직접적으로 남녀가 서로 말을 걸어 이야기하는 것이 조심스러운 분위기였다. 어떤 수련회나 교회 행사가 있을 때는 잠깐 말할 수 있었다. 마침 청년부 수련회가 있었고 그 자리에서 자기소개를 간단히 하고 남녀가 섞여서 게임을 하는 시간이 있었다. 그때 교회 전도사님이 각자 옆 사람에게 "환영합니다", "사랑합니다."라고 인사를 건네자고 하셨는데 내 옆에 지금의 아내가 앉아 있었다. 우리는 처음 만나는 시간에 본의 아니게 사랑한다고 말한 것이다. 나는 속으로 말했다. "네, 저도요." 그렇게 하나님의 섭리 가운데 아내와의 만남이 시작되었다.

수련회 후 나의 리더에게 지금의 아내를 만나고 싶다고 속마음을 털어놓았더니 리더분은 자매 리더에게 전달할 테니 응답이 올 때까지 기다리라고 했다. 막연하게 기다리는 시간이 이어졌고 한 몇 개월 흘렀을까 리더에게 연락이 왔다. 자매가 만나기를 거부했다는 것이다. 나는 일단 상황을 받아들이기로 했지만 어딘지 모르게 마음 한구석에서는 잠잠히 기다리는 시간이 필요할 것 같다는 생각이 들었다. 그리고 얼마가 흘렀을까 리더분에게 자매가 만나기를 원한다고 다시 연락이 왔다. 나는 궁금했다. '싫다고 할 때는 언제고 왜 다시 만나자고 하지. 그냥 안 만난다고 할까!' 고민하다가 그러면 내가 더 손해일 것 같아 일단 만나서 물어보기로 했다. 약속 날짜에 드디어 만났다. 나는 그간 궁금했던 것을 물어보았다.

"처음에 제가 만나자고 했을 땐 싫다고 하셨는데, 지금은 어떤 심경의 변화가 생겨 다시 만나자고 하신 건가요?"

내 질문에 자매는 크게 당황해하며 이렇게 말했다.

"저는 싫다고 한 적이 없는데요. 저는 지금 이 자리가 성한 씨가 만나자고 해서 만나는 자리로 알고 왔는데요."
"... , 그게 무슨 소리인지요?"

그렇다. 우리 둘 다 서로 만나자고 리더에게 말해서 리더는 우리에게 시간을 두고 지켜본 것이었다. 그렇게 우리는 매우 당황해하며 한편으론 이런 드라마가 있을까 하면서 그날 결혼을 전제로 한 교제를 시작하기로 했다. 그렇게 시간이 흘러 우리는 기도하며 부모님의 승낙을 받기 위해 기다림이 필요했다. 당시 아버지는 또 다른 루게릭병이 찾아와 투병 중이셨고 나는 이제 막 다시 사업을 일으키는 시작 단계이었기에 변변히 내세울 만한 것이 없었다. 아내의 집에서는 아내와 같은 조건의 사람을 만나 결혼하기를 원했다. 우리는 상의 끝에 한쪽의 부모님이라도 반대가 있으면 결혼을 강행하지 않기로 결단하고 기도하면서 기다리기로 했다. 기도가 응답이 된 걸까? 20년 이상 리비아에서 해외 주재원으로 파견 근무를 하시던 장인어른이 때마침 리비아 내전으로 리비아 정치 상황이 혼란스러워지자 갑자기 귀국하셨다. 그때 한국에 들어오신 장인어른이 나를 보자고 연락이 왔다. 나는 장인어른을 만나면 무슨 말을 해야 할지 고민하며 긴장과 떨리는 마음으로 아내와 함께 아내의 집으로 들어섰다. 나의 예상과는 다르게 반갑게 맞아 주셨지만 식사하는 내내 밥이 입으로 들어가는지 코로 들어가는지 모를 정도로 매우 긴장되는 시간이었다. 드디어 장인어른이 말씀하셨다.

"그래, 자네 결혼하면 앞으로 어떻게 살 생각인가?"

예상되는 질문에 몇 가지 답안을 브리핑하듯이 준비해 왔지만, 막상 장인어른의 질문에 머릿속이 새하얗게 되었지만 정신을 바짝 차리고 말문을 열었다. 지금까지 살아온 이야기를 솔직하게 말씀드리면서 나라는 사람이 어떤 사람인지 판단할 수 있게 해드리는 것이 도리라고 생각했다. 진중하게 말씀을 드리고 어느덧 식사 시간이 끝났다. 면접관들 앞에서 면접 보는 느낌으로 빨리 이 시간이 끝나기만을 기다렸다. 아버님을 뵙고 집으로 돌아오는 길에 '내가 말을 제대로 한 건가!' 하고 생각해 보았다. 그냥 모든 것을 하나님께 맡기기로 했다. 집으로 돌아오니 병상에 누워 계신 아버지가 어떻게 되었는지 물으셨다. 나는 잘 모르겠다고 말씀드렸다. 그런데 아버지가 갑자기 의미심장하게 나에게 당부하는 것이 아닌가!

"혹시 결혼하게 되더라도 네가 아이큐 93인 것은 절대 말해선 안 된다. 알겠니?"

너무 어처구니가 없었다. 아버지는 내가 중학교 때 검사한 아이큐 결과가 걱정이 되셨는지 신신당부하시는 것이다. 나는 다 잊어버리고 있었지만, 아버지는 기억하고 계셨다. 아버지께 지금은 중학교 때 아이큐보다 더 높아졌을 것이라고 말씀드리고 하나님을 믿으면 아이큐도 올라간다고 자신 있게 말씀드렸다. 지금 생각하니 참으로 우스운 일이었다. 아버지는 나의 아이큐가 진심으로 걱정되셨던 모양이다. 그렇다. 하나님은 능치 못할 일이 없으시다. 예수님께 운전대를 맡긴 사람에게는 필요하다면 아이큐도 높이실 수 있고 그보다 더한 것도 하실 수 있으신 분이시다. 육신의 아버지는 나의 아이큐를 걱정하시지만, 영의 아버지는 나의 아이큐를 높이시는 분이시다. 우리는 불가능이 없으신 하나님을 아버지라 부를 수 있는 특권을 가진 하나님의 자녀다.

그렇게 시간이 흘러 우리는 우여곡절 끝에 결혼하게 되었다. 결혼을 준비하면서 예상치 못한 장애물과 마주칠 때마다 하나님은 기다림과 순종을 배우게 하셨다. 먼저 하나님의 계획보다 앞서가지 않고 하나님의 일하심에 속도를 맞추는 훈련이 계속되었다. 그때마다 성경 말씀을 읽으면 정말 신기하게 말씀을 통해 정확하게 인도받는 경험을 했다. 어떤 일을 할 때 하나님의 마음과 뜻을 아는 것은 정말 중요하다. 그래야 인생의 모든 결정에 흔들림 없이 안정감을 가질 수 있다. 사실 인생의 대부분에 불행은 내가 내 뜻대로 사는 것에서부터 시작된다고 해도 과언이 아니다. 우리는 다 인지하지 못하지만, 하나님은 다 계획이 있으시다. 여기서 하나님의 마음과 뜻을 아는 것이란 성경 말씀을 통해 진리인 성령님을 인격 대 인격으로 만나는 경험을 말하는 것이다. 성경은 그냥 종이에 쓰여 있는 글자가 아니다. 살아계신 하나님의 말씀이고 그분의 인격이다. 그 말씀을 대면하고 그분의 뜻을 아는 것은 놀라운 특권이다. 그 말씀으로 인도하시는 하나님을 오늘 우리는 경험해야 한다.

태초에 말씀이 계셨다. 그 말씀이 곧 하나님이시다. 그리고 그 말씀이 육신이 되어 우리 가운데 거하시는 분이 바로 예수 그리스도이시다. 예수님의 말씀이 곧 진리이시다. 성령님 또한 우리에게 진리이신 예수님의 말씀을 깨닫게 하시고 생각나게 하신다고 하셨다. 그래서 하나님은 말씀으로 그분의 마음과 뜻을 우리에게 전달하신다. 하나님은 자신을 경외하는 자에게 하나님의 언약을 보이신다고 말씀하셨다. 참새 한 마리도 하나님이 허락하지 않으시면 땅에 떨어질 수 없듯이, 모든 것이 하나님의 경영 아래 있다. 그 하나님의 의도와 뜻은 하나님을 경외하는 자들에게 오늘도 성경 말씀으로 말씀하신다. 나는 예수님을 믿고 난 다음부터 인생의 중대한 결정이나, 내가 감당하기 어려운 일을 당면할 때마다 기도의 자리로 나아가면 어김없이 성령의 조명하심으로 그분의 마음과 뜻을 말씀으로 전해 주셨다. 여기서 중요한 것은 하나님이 말씀하실 때 들을 귀가 있어야 한다는 것이다. 들을 귀가 있다는 말은 마음의 태도를 말한다.

우리는 하나님을 믿는다고 하면서 하나님의 말씀을 내 인생의 조언자쯤으로 여기는 경우가 많다. 조언은 취사선택이 가능하다. 조언은 말 그대로 조언일 뿐이다. 조언은 그 말을 들을지, 말지의 결정권이 말하는 사람에게 있는 것이 아니라 듣는 사람에게 달려 있다. 그러나 그것은 하나님의 말씀을 대하는 태도가 아니다. 그분은 우리 인생에 조언자가 아니다. 그분은 우리 인생에 주인이시다. 그분이 우리에게 말씀하실 때 우리의 주인으로서 말씀하시는 것이다. 하나님의 말씀을 제대로 듣지 못하는 이유는 어찌 보면 간단할 수 있다. 지금껏 그분을 나의 조언자로만 여겼을 가능성이 크다. 그분의 말씀을 내가 취사선택했기 때문에 결과적으로 하나님과의 친밀함이 깊지 못한 이유가 된다. 생각해 보라. 사람과의 관계도 서로 말하는 것이 먹히지 않으면 그 관계가 어떻게 친밀해질 수 있는가? 그 관계는 형식적이고 피상적으로 변화될 수밖에 없다. 하나님은 한번 말씀하시면 변개가 불가하신 창조주 하나님이시다.

우리는 하나님의 말씀을 들을 때 피조물의 위치에서 들어야 한다. 그것이 주인을 대하는 우리의 태도이다. 하나님의 말씀은 결코 가벼운 것이 아니다. "모든 성경은 하나님의 감동으로 된 것으로 교훈과 책망과 바르게 함과 의로 교육하기에 유익하니"라고 말씀하신다. 그저 내 인생의 조언자로 여기는 태도로서는 결단코 하나님의 마음과 뜻을 알 수 없다. 설사 안다 할지라도 들을 마음이 없는 사람에게 계속 말씀하지 않으신다. 하나님이 말씀하실 때는 내 인생의 주인으로 말씀하시는 것이다. 주인이 말하는 것을 종의 마음으로 받아들일 때 하나님은 그분의 마음과 뜻을 우리에게 알려주신다. 이것이 하나님과 인간의 친밀함의 올바른 관계인 것이다. 바로 이 주언은 말씀하시는 분이 이미 결정한 사항을 말씀하는 것이다. 하나님이 주언으로 말씀하시는데 우리가 조언으로 받아들이면 하나님의 언약에 말씀이 우리 삶 가운데 이루어지지 않는다. 하나님이 말씀하셨는데 삶이 변하지 않는 것은 첫 번째로 말씀을 받아들이는 우리 마음의 태도에 있다. 우리가 하나님의 말씀을 주언으로 받아들일 때 비로소 하나님의 말씀을 보다 명확하게 들을 수 있으며, 이것이 인간에게 가장 큰 행복이 된다. 생각해 보자. 인간에게 가장 큰 축복은 결국 창조주 하나님과 소통하는 것이다. 그것을 경험한 사람은 흔들리지 않는 반석과 같이 진정한 삶의 안정감을 누릴 수 있다.

진정한 안정감은 하나님으로부터 오는 것이다. 결혼 준비 과정에서 내 의도와는 상관없이 펼쳐지는 깨지기 쉬운 유리병과 같은 상황 속에서 하나님 말씀으로 흔들리지 않는 안정감을 갖는 훈련을 하게 되었고, 이것은 오늘날 나의 신앙의 기초가 되었다. 그리고 그것은 훗날 사업을 하면서 어려움을 만날 때마다 골방에 들어가 성경 말씀을 통해 하나님의 마음과 뜻을 헤아리고 순종하는 훈련을 반복함으로 더 강화되었다. 그 결과 외부 상황과 주어진 환경에 상관없이 안정감을 누리는 법을 조금씩 터득해 갔다. 하나님과 친밀함은 우리의 삶에서 겪게 되는 실수와 실패를 수없이 반복함으로써 값비싼 수업료를 치르고 터득한 경험이 더해졌을 때 비로소 그분의 말씀을 들을 만한 마음의 태도가 준비된다. 그때 우리는 그분의 성품과 인격을 알게 된다. 친밀함은 하나님 때문에 삶의 대가를 지불한 경험이 있는 만큼 더 강하게 느낄 수 있는 감정임을 경험으로 알았다. 다만 이러한 것을 거치지 않고 마치 어떤 영적 체험이나 느낌만으로 하나님과 친밀함을 말하는 것으로는 부족하다고 생각한다. 설사 그렇다 할지라도 반드시 말씀으로 성령께 조명받아 검증해야 한다. 그것이 우리 인생에 안전장치다.

part 3

말씀으로 살리라

TURNING POINT

성경 공부 소모임

사업은 다시 호황을 맞았다. 고객과의 약속한 6가지 핵심 전략은 완성도가 높아졌고, 시장에서 좋은 반응을 얻어 고객에게 상당한 만족감을 주었다. 회사 홈페이지를 통해 들어온 상담 요청에 업장을 방문하면 거래 성사율은 거의 90%에 가까웠고 실거래 후 반응도 상당히 좋아 고객들이 만족해했다.

우리의 매출 규모도 커지고 명실상부한 종합 식자재 유통회사로서 다시 거듭나게 되었다. 이때 나는 자연스럽게 회사에서 사역과 사업을 병행하는 시기가 되었다. 회사 주변과 영등포역 그리고 문래역 근처에 성경 공부 소모임 3개를 운영하고 있었고, 회사 운영을 일정 부분 직원들에게 위임해 사역에 더 취중하고 있었다. 오후에 전도를 마치고 돌아오는 길에 자주 가는 식당에서 밥을 먹곤 했었다. 어느 날 자주 오는 나를 알아보는 사장님이 인사를 건네며 말을 걸었다.

"안녕하세요? 많이 드십시오.^^ 실례하지만 어떤 일을 하는지 여쭤봐도 될까요?"
"네. 문래동에서 식자재 유통업을 합니다."

웃으면서 대답하며 나도 명함을 건넸다. 요즘 상추 시세가 왜 이렇게 비싸냐고 하기에 여러 가지 이유를 들어 비쌀 때라고 말해 주었다. 식당 사장님과 이런저런 이야기를 나누다 매일 이 시간에 식사하시러 오시는데 매일 이렇게 영업을 직접 뛰는지 내게 물었다. 나는 사장님께 영업하러 다니는 게 아니라고 말했다. 그러면 왜 거의 비슷한 시간에 와서 밥 먹냐고 묻기에 복음 전도하러 다닌다고 그냥 있는 그대로 말했다. 식당 사장님은 의아해하면서 이러면 전도가 되는지 물었다. 전도가 되는 것은 두 번째고 복음을 전하는 것이 내 일이라고 웃으면서 말했다. 식당 사장님은 나에게 질문을 쏟아냈다. 일반적인 질문이 아니었다. 이날은 참 이상했다. 평소에 자주 봤지만 아무 말도 하지 않으시다가 이날은 복음 전도하는 것에 대해 질문을 쏟아내었다. 나는 성심성의껏 답변해 주었다. 그러다 갑자기 식당 사장님은 자기 이야기를 했다.

사실은 젊었을 때 중국에서 유학하였는데 거기서 한국 목사님과 개척교회를 섬기며 그 누구보다도 복음 전도의 열성을 가지고 중국선교의 큰 꿈을 품었었다고 했다. 목사님을 도와 교회를 세우고 영혼을 품으며 자신의 젊은 날을 주님께 드려 섬기다가 그만 신장암 발병으로 중국선교의 꿈을 접고 한국에 돌아와 암 치료를 받고 지금은 식당을 하게 되었다는 사연이었다. 그러면서 내가 일하면서 복음 전도하는 모습이 마치 중국 유학 시절 자기 모습을 보는 것만 같다고 속마음을 한참 나누었다. 나는 식당 사장님의 사연을 듣고 하나님이 예비하신 영혼이라는 마음이 들었고, 그분의 신앙이 회복되면 좋겠다는 생각이 들어 한 가지 제안을 했다. 매주 목요일 오후 식당 브레이크타임 시간에 내가 올 테니 같이 성경 공부를 하자고 했다. 식당 사장님은 흔쾌히 승낙했고 매주 목요일 오후 2시에 식당에서 성경 공부 모임이 시작되었다.

성경 공부 모임은 즐겁고 꽤 진지하게 진행되었다. 식당 사장님은 매주 목요일이 기다려진다고 하셨고 모임 때 말씀과 기도가 일어나니 그분의 신앙도 점차 회복되고 있었다. 이제는 사장님의 누님과 누님의 친구들, 동네 인근 카페 주인도 같이 합류하게 되었다. 정말 환상적인 일이었다. 아무도 예상하지 못한 곳에서 하나님이 예비하신 영혼을 만나 일터에서 영적인 모임이 세워지고 있었다. 우리의 소모임은 영적인 능력이 있었고, 이곳에서 말씀과 교제, 기도 응답과 전도가 동시에 일어났다. 모임은 매주 열기가 뜨거웠다.

너희 열매가 항상 있게 하여

식당 소모임도 활성화가 되었고, 그 무렵 사업도 성장을 하고 있었다. 나의 최대 고민은 주중에 이루어지는 소모임을 잘 운영할 수 있도록 회사에서 믿고 맡길 수 있는 직원을 선택해 업무 일부를 위임하는 것이었다. 식자재 유통업은 특성상 새벽에 이루어지고, 힘든 노동이라 쉽게 왔다 쉽게 떠나는 이직이 쉬운 직업군이었다. 신혼 초기였던 이 시기에 결혼 전 아내에게 새벽 주문접수와 발주 업무를 직원들에게 맡기고 출근 시간을 늦춰 아침에 출근할 수 있을 것이라 약속했지만, 그 약속은 오래가지 않아 지켜지지 않았다. 배송직원들은 돌아가며 결근하기 부지기수였고 그때마다 사무실에서는 어김없이 전화가 왔다.

"사장님! 주무시는데 죄송하지만, 오늘 김 기사가 안 나왔습니다. C 코스는 사장님이 배송하셔야 할 것 같습니다."

새벽에 회사 배송직원들의 결근으로 비상전화를 받을 때마다 나는 아내가 잠이 깨지 않도록 편지를 남기고 미안한 마음으로 조용히 회사로 출근했다. 어느 날은 한 직원이 결근해서 아무리 전화해도 받지 않는다고 연락이 와서 주차장에 있는 회사 트럭에 가보니 그 안에서 술에 취해 그대로 잠을 자는 직원도 있었다. 월급 10만 원 차이에 오늘은 우리 회사에 있다 다음 달은 다른 가게로 이직하는 것이 비일비재했고, 돈 앞에서는 의리도 신의도 없는, 그냥 돈이 최우선인 정글과도 같은 곳이 시장이었다.

그러한 환경 속에서 직원들에게 휘둘리지 않기 위해 온갖 힘을 기울였다. 야간에 진행되는 발주 업무, 배송과 패킹 작업은 물론 주간에 있는 고객 A/S와 영업, 회계업무까지 모든 것을 섭렵하고 혹시나 있을 직원들의 업무 부재에 대비하고 있었다. 우리 직원들은 나이 어린 나를 거칠게 다루었다. 그들은 나와 협상할 때 결근이라는 카드를 쓰며 나를 괴롭혔다. 배송직원들은 예고 없이 결근해 고객에게 타격을 주는 방식으로 나를 괴롭혔지만, 나는 그런 상황에 타격을 받지 않으려고 모든 배송 코스를 숙지해 완벽하게 배송하는 모습을 다른 직원들에게 보여주면서 이렇게 흔드는 것은 나에게 별 효과가 없다는 것을 보여주려고 애썼다. 사무실 직원들도 마찬가지였다. 고객관리나 회계업무도 근무 태만의 모습이나 간혹 있는 횡령이 있을 때 내가 직접 고객관리와 회계업무를 가르쳐 주면서 모든 걸 들여다보듯 업무를 직접 전수해 주고 지시했다. 나이로 보나, 사회 경험으로 보나 모든 면에서 나를 아래로 보고 있는 직원들에게 나는 최대한 흔들리지 않는 모습을 보이기 위해 업무에서만큼은 빈틈없는 모습을 보이려고 노력했다.

지금 생각해 보니 우리 회사를 거쳐 간 사람들도 많았지만, 직원들 또한 다양한 사람들이 함께 있었다. 어디서 일부러 모으려고 해도 이렇게 모을 수는 없을 것이다. 갖가지 말할 수 없는 수많은 사연과 상처들을 안고 이 시장, 우리 회사까지 흘러들어온 사람들이다. 박 씨는 전직 군인, 임 씨는 전직 목사, 손 형은 노숙자 출신, 김 씨는 사업에 실패한 신용불량자, 카메룬 출신 용병 JJ까지…, 그 밖에 수많은 사람이 거쳐 갔다. 이들은 작은 일에 늘 감정적으로 대처했고 같은 동료들끼리의 시비도 늘 끊임이 없었다. 작은 직장이었지만 늘 사소한 시비와 절도, 반목과 갈등, 사건·사고들이 끊이지 않았다. 그들이 전에 사회에서 겪은 실패와 패배감, 좌절감을 나에게 쏟아붓는 것처럼 느껴졌다.

그들과 함께 회사를 운영하게 하면서 하나님은 사실 나의 내면도 보게 하시며 치유해 주셨다. 그들로 인해 어려움을 당하거나 힘들 때 속으로 그들을 비난하고 정죄했지만, 사실 덮어 놓고 있던 나의 내면의 여러 모습이었다는 사실을 알게 하셨다. 가장 신임한 박 씨가 나의 뒤통수를 칠 때, 과거 하나님이 주신 중국관광 식당에 납품하면서 당장에 물질적 축복으로 오히려 하나님을 떠나 뒤통수를 친 것을 기억나게 하셨다. 임 씨가 물품 구매하는 회사 돈을 횡령했을 때 내가 개인 돈과 회사 돈을 구별하지 않고 쓴 것을 보게 하셨으며, 부모에게 반항하고자 명문 서울대를 휴학해 시장에서 육체노동을 한 강군의 모습을 보면서 하나님을 떠나 수고하고 무거운 짐을 지고 사는 죄인 된 모습을 보게 하셨다. 하나님은 이런 직원들을 통해 나의 모습을 스스로 보길 원하셨기 때문에 직원들을 비난할 수가 없었다. 하나님은 이런 직원들을 통해, 아직 해결하지 않은 내 내면의 상처와 아픔들을 해결하기를 원하셨다. 하나님은 때론 집요하시다. 우리가 덮어 놓은 것도 집요하게 불편한 상황들을 만들어 기어이 해결 받기를 원하신다. 하나님은 우리의 앞길을 아시고 미래를 아신다. 그래서 우리가 이 시점에 무엇을 해결 받아야 하는지 너무 정확히 아신다. 하나님은 모든 만남과 사건에 우연이 없으신 분이시다. 하나님은 우리가 알건, 모르건 다 계획이 있으시다. 시간이 지나 이것이 하나님의 섭리와 계획이었음을 알았을 때, 하나님에 대한 감탄과 경외감이 들었고 모든 것이 하나님의 은혜라는 고백을 할 수밖에 없었다.

30대 초반 이들과 회사를 운영하면서 망하지 않고 회사가 살아남은 것도 기적 같은 일이 아닐 수 없다. "하나님께서 사업을 하셨다."라고 밖에 설명이 안 되는 일이었다. 하나님은 나에게 이때부터 양파 까는 일이 아닌 다른 차원으로 사람을 통해 일터에서 훈련시키셨다. 20대 후반 시장에 처음 들어와 어머니 밑에서 양파와 감자껍질 까는 일을 시작으로 우여곡절 끝에 식자재 유통업을 일으킨 다음부터는 직원들을 통해 나를 훈련시키셨다. 마치 올림픽 대회 출전을 위해 기초 훈련부터 단계별로 훈련받는 선수처럼 하나님은 회사의 직원들을 통해 내 내면의 속사람을 단단하게 만드시고, 사람의 속성과 세상 보는 눈을 넓혀 주셨다. 올림픽에 출전하기 위해 강도 높은 훈련을 견디는 태릉선수촌 국가대표처럼 시장에서 16년 넘는 기간에 수많은 사람을 겪게 하며 복음 전도, 설교, 기도, 말씀으로 나의 영성과 인격을 수련시키셨다. 그리고 지금도 나는 수련 과정을 통과하고 있다. 이 수련 과정이 언제 끝날지는 나도 알 수 없다. 하나님과 나의 관계는 마치 스포츠 감독과 선수인 것 같다. 어쩌면 나는 언제일지 모르는 올림픽 출전을 위해 준비하는 선수처럼 훈련받고 있었다.

늘어나는 소모임 성경 공부를 하기 위해 배송 팀장으로 믿을 만한 박 씨를 세워 그에게 일을 위임하고 나는 일터 소모임 사역에 집중하고 있었다. 박 씨에게는 다른 배송직원들보다 더 대우해 주며 관리를 맡겼지만 얼마 가지 않아 문제가 발생했다. 나 몰래 박 씨는 사무실 영업직원과 짜고 거래처를 따로 관리해 별도의 수익을 만들고 있었다. 그리고 어느 날, 그들은 새벽에 나에게 찾아와 이별을 고했다. 나는 모든 걸 다 알고 있었고, 체념하면서 눈을 감고 박 씨를 쳐다보지 않았다. 서로 쳐다보고 눈을 마주치면 박 씨가 민망해하는 모습이 보일 테고, 나도 박 씨를 쳐다보는 눈빛이 곱지 않을 것 같아 차라리 눈을 감고 있었던 것이다. 그렇게 하는 것이 박 씨도, 나도 서로 그나마 괜찮게 마무리하는 것이라 생각했다. 박 씨는 날 존경하지만, 미안하다는 말을 남기고 떠나버렸다. 가장 믿었기에 그만큼 애정을 많이 쏟았던 직원이라 충격을 금할 수가 없었다. 그 충격은 고스란히 몸으로 나타났다. 전에 어머니가 머리털 난 짐승은 돕는 것이 아니라는 말이 스쳐 지나갔다. 이 일로 메니에르병은 다시 재발하여 심하게 악화되어 운전도, 앉아서 밥 먹는 일상생활도 제대로 할 수 없을 지경에 이르렀다. 어지럼증과 메스꺼움이 동시에 찾아오면 심하면 온종일, 짧으면 반나절 눈을 감고 증상이 사라질 때까지 누워있어야만 했다. 신혼 초기 건강에 큰 위기가 찾아온 것이다. 나는 진행하던 소모임을 중지하기로 했다. 소모임이 부흥하면 회사에서 사건이 터지고, 어느 정도 회사 일이 안정되어 소모임을 이끌면 다시 회사에서 사건이 터지는 일들을 반복적으로 겪으면서 일터 소모임에 위기를 고비마다 넘길 때쯤, 박 씨 사건은 소모임 중지의 결정타가 되었다.

이러한 나의 사정을 잘 알고 있었던 작은 형이 도움을 주기 위해 수원에 담임목사님께 이야기했고, 얼마 지나지 않아 목사님께서 잘 아는 선교사에게 미리 이야기해 놓을 테니 그 선교사를 찾아가 보라고 하셨다. 나는 지푸라기도 잡는 심정으로 목사님께서 알려주신 선교사님의 단체를 찾아갔다. 그리고 예배가 끝나고 선교사님께서 나에게로 오셨다. 사전에 목사님께 이야기 들었다고 기다리고 있었다고 하시면서 기도해 주시는데 내 귀에 입을 대고 아주 큰 소리로 "나~ 가~!"라고 외치셨다. 나는 고막이 찢어지는 것만 같은 너무 큰소리에 깜짝 놀랐다. 하지만 너무 강력해서 거부할 수 없었다. 그리고 그 강력한 기도는 양쪽 귀를 번갈아 가면서 몇 번이고 고막이 찢어질 듯한 큰소리로 계속되었고 시간이 지나자, 귀 안이 간지럽기 시작했다. 귀 안에서 계속 돌아가는 바람개비가 있는 것처럼 돌면서 간지럽더니 정말 신기하게 강력한 이명 소리가 사라지면서 어지럼증이 사라졌다는 확신을 갖게 되었다. 그냥 병이 나았다고 믿어졌다. 신기한 일이었다. 그리고 선교사님은 나의 이름을 "이스라엘"로 바꿔 주시면서 이제 데스티니가 바뀔 것이라고 말씀해 주셨다. 정말 신기한 것은 그때 이후로 지금까지 어지럼증은 완전히 사라졌다.

이 사건을 통해 나는 하나님의 초자연적인 치유를 경험했다. 이 병원, 저 병원 다니며 매일 매스꺼운 메니에르병 물약을 복용해도 좀처럼 잡히지 않았던 병이 나은 것이다. 집에 와서 메니에르병 약 더미가 쌓여 있는 걸 보고 이제는 이 약들이 필요하지 않겠다는 생각이 들었다. 멍에가 하나 끌러진 것 같은 자유로움을 느꼈다. 마치 손오공 머리에 씌워진 금속 머리띠가 손오공을 옥죄고 놓아주지 않는 것처럼 그 머리띠가 끊어진 것 같은 엄청난 해방감을 느꼈다. 그리고 나는 메니에르약을 모두 쓰레기통에 버렸다.

환난 중에도 즐거워 하나니

초자연적인 치유를 경험한 나는 회사에서 박 씨에게 받은 타격을 극복하기 위해 온 힘을 기울였다. 가장 시급한 것은 인력 공백을 메우는 것과 고객 이탈을 막는 것이었다. 이 사건을 통해 정말 중요한 영적 깨달음을 얻었다. 바로 내가 이 사업을 왜 하는지에 대한 이유가 더욱 분명해진 것이다. 나는 이 무렵 일터에 보내진 일터선교사라는 정체성을 가지고 일터 소모임을 진행하며 직장 내 어려움이 생기면 다시 소모임을 중지했다가 안정되면 소모임을 다시 진행하는 반복적인 일련의 과정들을 경험하면서 이것이 영적인 싸움이라는 것을 직감하고 하나님께서 나에게 맡겨주신 사명인 것을 깨달았다. 지난날 과거 농산물 경매에서부터 식자재 유통의 과정과 최종 소비자에게 도달해 요리가 이루어지는 것까지 이 모든 일련의 과정이 복음의 유통과정이라는 것을 사업을 통해 나에게 하나님께서 가르쳐 주시고 있다는 것을 깨달았다. 내가 직접 경험한 것으로 복음이 어떻게 한 사람에게 전달되고, 한 지역에 확산되어 지역이 복음화되는지 방법론을 익히고 나의 일터에서 실전 적용을 했다.

　메니에르병 치유 이후 내가 가야 할 길을 분명히 깨달은 나는 나의 믿음의 선배들과 교회 식구들에게 직장의 사정과 직원들의 상태를 수시로 나누고 기도요청을 했다. 영적인 싸움에는 기도부대가 필요하다. 나는 기도부대의 중요성을 뼈저리게 느꼈다. 이 세상에서 가장 위험한 일은 기도하지 않고 하는 모든 일일 것이다. 또 이 세상에서 가장 위험한 리더는 기도하지 않는 리더이고, 가장 위험한 공동체는 기도 없는 공동체라고 생각할 수 있다. 그만큼 기도는 절대적이다. 사역은 중지해도 기도를 멈춰서는 안 된다. 하나님 나라 통치의 시작은 기도와 예배에서부터 시작된다고 믿는다.

　기도가 응답이라도 된 걸까! 박 씨와 모의해 나갔던 손 씨에게 연락이 와 다시 직장에 복귀 의사를 밝혔다. 손 씨의 복귀를 받아주었다. 또 함께 나갔던 배송 기사 배 씨도 손 씨에 이어 다시 직장에 복귀했다. 나간 직원 모두를 받아주었다. 그러나 박 씨는 끝끝내 돌아오지 않았다. 어머니는 나에게 한 번 나간 사람은 절대 다시 받아주면 안 된다고 말씀하셨다. 한 번 나간 사람들은 다시 또 나가게 되어있다고 말씀하셨지만 내 생각은 조금 달랐다. 박 씨와 함께 나간 다른 직원들을 받아주는 것이 오히려 박 씨를 더 빨리 돌아오게 할 수 있을 것이라 생각했다. 하지만 얼마 후 어머니의 말씀은 진리처럼 현실로 이루어졌다. 돌아온 직원들도 얼마 가지 못해 또다시 모두 나갔다. 이런 상황 속에서 어느 정도 단련이 된 것일까! 나는 오히려 흔들리지 않고 믿음으로 일터를 바라보았다. 일터에서 하나님이 하실 일이 있다는 믿음의 눈으로 모든 사항을 바라보니 어려움과 역경을 통해 믿음의 눈이 조금씩 열리기 시작했다. 믿음의 눈은 어느 날 갑자기 열리는 신비한 체험으로 오지 않았다. 어려움과 역경을 하나님을 바라보고 인내함으로써 통과할 때 비로소 보이기 시작하는 다른 차원의 통찰력이었다. 오히려 영적인 모임을 더 강화해 나갔다.

매주 화요일 오후 직장예배를 아예 회사 직장 문화로 만들었다. 우리 회사에 들어오는 모든 직원은 회사예배에 동의해야 입사할 수 있는 회사 내규를 만들었다. 나는 직장을 하나님께 드렸다. 직장 내 예배 모임 때 불신자 직원들이 예수를 구주로 영접하는 일이 생겼고, 결국 우리 회사에 입사한 불신자 직원은 퇴사하는 날까지 모두 예수를 구주로 영접했다. 직장 내 예배 모임이 어느 정도 안정을 되찾을 때쯤 그동안 중단되었든 식당과 카페에서 하던 소모임이 생각났다. 전에 소모임을 진행하던 식당과 카페에 찾아가 사장님께 인사를 다시 드렸다. 오랜만에 본 나의 모습에 사장님들은 반가워했지만, 전처럼 영적인 소모임을 일터에서 진행하기에는 모두 부담스러워하셨다. 외부 소모임을 다시 개척하기보다 직장에 믿을 만한 사람을 찾는 것이 급선무라는 생각으로 선회하게 되었다. 수년 전 자신의 형 직장을 구하는 친구의 부탁을 받고 부추업계의 큰손인 한 부추유통업자에게 친구 형을 소개해 준

일이 생각났다. 곧바로 그 친구 형에게 연락해 야간 고객 주문과 발주 업무를 맡아 줄 수 있는지 물었다. 그 형은 자신이 일하는 시간과 겹치지 않아 투잡이 가능하다고 했다. 나는 친구의 형이라 믿고 맡겨도 좋겠다는 생각이 들었다.

그리고 얼마 후 아주 오래전 직업소개소에서 부탁한 직원 모집에 대해 연락이 뜬금없이 왔다. 직업소개소 사장님은 나에게 직원을 뽑았냐고 물었다. 나는 오래전 매장에서 양파 까는 일과 무거운 짐을 옮기며 식당에 납품할 수 있는 힘 좋은 직원을 부탁했었는데 그 직업소개소 사장님은 메모해 두었다가 마침 그런 직원이 와서 내 생각이 나 연락했다고 했다. 나는 그런 사람이 있으면 바로 보내달라고 요청했다. 그런데 사장님은 소개해 줄 직원이 아프리카 카메룬 출신인데 한국말이 서툴지만, 의사소통이 가능하다고 했다. 순간 당황했다. 과연 일이 가능할지 정말 의문스러웠다. 약간 머뭇거리자, 직업소개소 사장님은 요새 사람 구하기 너무 어렵다며 아마 사장님이 일하는 시장에는 한국 사람들이 일을 안 하려고 하니 이 아프리카 청년을 놓치지 말라고 했다. 그 사장님의 말에 왠지 모르게 아프리카 청년을 한번 면접해 보고 싶다는 생각이 들어 아프리카 청년을 가게로 오라고 했다.

다음날 한 건장한 흑인 아프리카 청년이 우리 회사 사무실로 찾아왔다. 이름이 뭐냐고 물었더니 자신의 이름을 JJ라고 대답했다. JJ 첫인상은 아주 밝아 마음에 들었다. 그는 낙천적이고 매사에 긍

정적인 성격을 가졌다. 몇 가지 질문을 던지고 마지막에 우리 회사 방침인 전 직원은 매주 화요일 오후에 직장예배를 드려야 된다고 했다. 마침 JJ는 자신이 크리스천이라고 말하며 한국에 있을 때 교회를 잘 나가지 못했는데 예배드릴 수 있게 되어 너무 좋다고 했다.

JJ는 한국말도 기대했던 것 이상으로 의사소통이 가능한 수준이었다. JJ를 면접 후 합격 통보를 하고 다음 날 출근하라고 했다. JJ가 다음 날 출근해 회사직원들과 어머니에게 소개해 드렸다. 회사 직원들과 어머니는 JJ를 보고 놀랐지만 왠지 모를 설명할 수 없는, 하나님이 JJ를 우리 가게에 보내셨다는 확신이 들었다. JJ가 우리 회사에서 잘 적응할 수 있도록 편의를 봐주었다. 이민국에 가서 비자 신청을 연장할 때도 동행하며 공무원들과 소통을 도와주었다. 이민국 직원들이 여러 불만을 제기할 때 내가 발 벗고 나서 도와주는 것을 보고 JJ는 나에게 매우 고마워했다. JJ는 나에게 보답이라도 하듯이 한국 직원들이 힘들어하는 힘들고 궂은일을 발 벗고 했다. 나는 그런 JJ를 아꼈다. JJ는 내가 원하는 것을 눈치껏 알고 일을 잘해 내었다. 비록 피부색이 다른 외국 직원이었지만 우리는 깊은 신뢰 관계가 형성되었다. 시간이 지날수록 JJ는 한국말을 몰라보게 빠르게 습득해 의사소통이 자유로워졌다. 야간에 고객 주문접수와 발주 업무는 친구 형이 든든하게 맡아 주어 회사도 어느덧 안정을 찾게 되었다.

어느 날, 회사 직장예배를 마치고 나오는 길에 JJ가 갑자기 나에게 한 가지 제안을 했다. 한국에 자신과 같은 카메룬 출신 동포들이 있는데 정기적인 모임을 하고 있다며 이 친구들을 모을 테니 복음을 전해 달라는 것이다. 나는 흔쾌히 수락하고 약속 날짜를 잡았다. 약속 장소는 이태원이었고 JJ와 나는 카메룬 친구들이 있는 곳에 도착했다. 한 패스트푸드점 치킨집이었다. 어느 정도 식사가 끝날 무렵 우리는 간단한 인사를 건네고 바로 카메룬 친구들에게 복음 메시지를 전했다. 복음 메시지를 듣는 카메룬 친구들은 타지 생활에 지치고 힘든 눈빛이 역력했다. 외국인들에게 아직 배타적인 한국은 아프리카 청년들이 정착하기엔 너무 힘들어 보였다. 나는 이들에게 진심 어린 따뜻한 마음과 사랑을 전달해 주고 싶었다. 그날 카메룬 청년들의 순수한 눈빛을 잊을 수가 없다. 나는 복음 메시지와 함께 더불어 과거 어렵고 힘든 우리나라의 현대사를 이야기해 주었다. 가난을 극복한 우리 부모 세대들의 이야기를 들려주며 하나님이 우리나라에 주신 축복을 전해 주었다. 나의 마음이 얼마나 잘 전달되었는지는 알 수 없었으나 그들에게 용기와 희망을 주고 싶었고, 그 말에 그들을 조금이나마 한국 사람에게 자신의 처한 상황을 공감받고 위로가 되었으면 하는 바람이었다. 그날 우리 모임은 또 한 번 하나님 나라가 임하는 시간이 되었다. 그렇다. 하나님은 다 계획이 있으시다. 하나님은 JJ를 일과 사역을 병행할 수 있는 동역자로 내게 보내주신 것이다.

그 후로 JJ는 나의 든든한 외국인 동역자가 되었다. 우리는 시장에 다른 가게에서 일하고 있는 외국인 친구들에게 복음을 전하기로 계획하고 만남을 접촉하며 사역의 폭을 넓히고 있었다. 시장에는 아프리카뿐만 아니라 중앙아시아, 동남아시아, 중국에서 온 외국인들이 함께 어우러져 일하고 있었다. JJ와 나는 그들을 전도해 회사예배를 함께 드리는 것을 목표에 두고 있었다.

그러던 어느 날, 중요한 한 사건이 터졌다. 그 당시 급여를 현금으로 지급하고 있었는데 JJ가 심각한 표정으로 나에게 큰일이라도 난 듯 항변을 했다. 자신의 사물함을 누가 열어 그 안에 있던 월급 봉투와 여권을 가지고 갔다는 것이었다. 흥분한 JJ를 나는 확실하지 않으니 단정하지 말라고 진정시키고 다시 잘 찾아보라고 달랬다. JJ는 한국에서 돈을 벌어 카메룬으로 돌아가 택시 회사를 차리는 분명한 꿈을 갖고 있었다. JJ가 망연자실한 표정으로 온종일 밥도 먹지 않았다. 그것을 옆에서 지켜보고 있는 나와 어머니는 안타까운 마음을 금할 수 없었다. 어머니는 나에게 그냥 월급을 다시 한번 주라는 제안을 하셨다. 아무래도 일과 사역을 같이 하는 JJ와 이번 일로 동역에 금이 가지 않을까 염려되어 어머니 말을 듣고 다시 JJ에게 월급을 한 번 더 주기로 마음을 먹었다.

그러나 문제는 여권이었다. 여권을 발급받으려면 절차가 매우 복잡했다. 일본으로 가 여권을 다시 발급받아야 하는 상황이 올 수도 있다고 했다. 회사 내 분실 사고는 여간 복잡한 일이 아닐 수 없다. 직원들 간의 서로 미묘한 신뢰 관계에 금이 갈 수 있는 문제라 분실 사고는 늘 난감한 사건이 아닐 수 없다. JJ 월급과 여권 분실 사고로 어수선해진 가운데 야간에 근무하고 있던 친구 형이 놀라운 이야기를 해주었다. 어젯밤에 어떤 직원이 여권 같은 것을 가지고 있는 것을 보았다는 이야기를 듣고 우리 직원들에게 문자를 개인적으로 보냈다. 혹시 JJ 월급과 여권을 가지고 있다면 책임을 묻지 않을 테니 아무도 모르게 조용히 여권만이라도 JJ의 사물함에 넣어달라고 요청했다. 문자를 보내고 다음 날 아침 조회가 끝나자마자 JJ가 나에게 따로 찾아왔다.

떡 다섯 개와 물고기 두 마리

JJ는 조용히 나에게 다가와 아침에 와 보니 자신의 사물함에 여권과 월급이 놓여져 있다고 말했다. JJ는 잃어버렸던 돈을 찾아서인지 믿어지지 않는 듯한 기쁜 표정으로 말했다. 성경의 탕자 이야기가 생각났다. 집 떠나 잃어버린 줄 알았던 막내아들이 돌아와 기뻐 동네잔치를 벌인 아버지의 마음같이 JJ 표정이 딱 그랬다. 나는 JJ의 표정을 보고 안도의 한숨을 내쉬었다. 한편으로는 이번 사건으로 JJ가 한국 직원들에게 불신의 마음을 갖게 되지 않을까 걱정이 되었지만 일단은 1차적인 책임도 관리 소홀에 있다고 말했다. 앞으로 개인 사물함에 열쇠를 채워 관리를 잘하고 사람을 너무 믿지 말라고 당부했다. JJ는 내가 한 말을 잘 받아들이고 이해했다.

영적인 일터 소모임도 JJ와 함께 외국인 소모임이라는 새로운 모임을 갖게 되었다. 한편 사업적으로 또다시 새로운 차원의 문제에 봉착하게 되었다. 서울 시내 전 지역으로 배송범위가 넓어지고 있는 것이 문제였다. 문제는 배송지역이 넓어지면서 고정비용이 늘어나 오히려 적자가 나는 상황이 계속되고 있었다. 사이트를 통해 들어온 거래처들이 여기저기 성사되다 보니 그에 따른 추가적인 고정비용이 늘어 오히려 적자 상황이 지속된 것이다. 나는 이런 상황에서 고정비용을 상쇄시키면서 효율을 어떻게 높일 것인지에 대한 고민을 하고 있었다. 유통업계는 경쟁이 치열하고 마진율이 낮기 때문에 거래가 성사되었다고 무턱대고 배송하면 오히려 적자가 날 수 있다.

고정비용을 낮추고 이익을 극대화할 수 있는 가장 효율적인 배송 코스를 만들기 위해 A4용지 위에 배송 코스를 그렸다가 찢고 또 그리고 찢는 일을 반복하면서 마침내 최적의 배송 코스를 완성하게 되었다. 너무 감격적이었다. 최적의 배송 코스를 완성할 수 있도록 하나님께서 지혜를 주신 것이다. 시작은 이러했다. 성경 말씀을 자세히 보고 싶은 충동이 생겨 마가복음 오병이어 사건을 자세히 읽었다. 마가복음 6장을 읽으면서 나는 '바로 이거다.'라는 생각이 들자 "하나님! 감사합니다."라고 외쳤다. 말씀이 성경에서 튀어나오듯 빛나는 빛처럼 내게 비췄다. 오병이어 사건은 이러했다. 예수님의 말씀을 들으러 큰 무리가 따랐다. 날이 저물어 가는데 아무것도 먹지 못한 그들을 보시며 예수님은 불쌍히 여기셨다. 그때 제자들은 다른 마을로 가서 먹을 것을 사가지고 와 이들을 먹이는 것을 제안했지만 예수님께서는 너희가 직접 먹을 것을 주라고 하셨다. 그때 제자 한 명이 항변하듯 이 무리를 다 먹이려면 이백 데나리온이 필요하다고 했다. 예수님께서 현재 가지고 있는 먹을 것을 알아보라는 말씀에 제자들은 떡 다섯 개와 물고기 두 마리가 있다고 보고 했다. 그리고 예수님께서는 무리를 백 명씩 또는 오십 명씩 무리 지어 앉으라고 하신 뒤 떡 다섯 개와 물고기 두 마리를 가지고 축사하시고 떡과 물고기를 떼어 제자들에게 사람들에게 직접 나눠 주라고 하셨다. 그 뒤 기적이 일어났다. 다 배불리 먹고도 오히려 음식이 남았던 것이다.

바로 이거였다. 보리떡 다섯 개는 현재 회사가 쓸 수 있는 돈이라고 생각되었고, 물고기 두 마리는 직원들이란 생각을 했다. 예수님께서 굳이 제자들에게 현재 가지고 있는 음식을 확인해서 보고받는 장면이 나에게는 매우 흥미로웠다. 예수님은 불가능이 없으신 전지전능하신 하나님이시다. 그냥 가지고 있는 음식과는 상관없이 사람들을 다 먹일 수 있는 분이시다. 그런 예수님이 제자들에게 현재 가지고 있는 음식을 확인해 보라고 한 것은 어떤 의도가 있다는 것으로 느껴졌다. 즉, 최소 비용으로 어떻게 최대 효과를 누릴 수 있는지 나는 이 대목에서 해답을 얻었다. 먼저는 현재 우리 회사의 한 달 영업이익과 고정비용을 알아보고 영업이익에 맞춰 다시 고정비용을 재조정했다. 혁신은 떡과 물고기를 먼저 확인하는 데서부터 시작되었다. 나는 떡을 한 달 먹을 수 있는 양식, 즉 영업이익이라 생각했고 먹을 수 있는 떡에 맞춰 물고기 즉 직원도 재조정했다. 가장 회사에 헌신도가 높은 직원들 위주로 재편하고 감원을 단행했다. 그리고 예수님이 떡 다섯 개와 물고기 두 마리를 축사했는데, 나는 축사의 의미를 하나님께 드리는 십일조로 이해했다. 회사에 매달 영업이익에서 십일조를 드리고 남은 이익금으로 살림살이를 재편했다. 그리고 직원들에게 힘을 실어주며 처우를 대폭 개선해 주었다. 정말 실력 좋은 직원들만 남게 되었고, 일은 강도가 높았지만 오히려 직원들의 만족도는 올라갔다. 혁신은 어느 정도 성과를 보이고 있었다. 그렇다. 매출을 올리기는 쉽지 않다. 매출을 단기간에 올리기 어렵다면, 고정비를 줄여 흑자를 먼저 만드는 작업이 필요했다. 회사 내부 혁신이 어느 정도 이루어졌을 때 거래처인 외부 혁신이 시작되었다.

예수님께서 제자들에게 명령하셔서 백 명씩 오십 명씩 떼지어 앉히게 하셨듯이 멀리 떨어진 거래처부터 정리하며 회사와 가까운 인근지역의 거래처를 따로 떼어 모아 배송 코스를 만들었다. 이 과정이 쉽지만은 않았다. 배송 시간이 최대 걸림돌이 되었다. 즉, 이론적으로는 회사 인근지역을 한데로 묶어 코스를 만들면 효율적이고 좋지만, 문제는 배송받는 시간을 업체마다 다르게 요구했기 때문에 업체가 요청한 배송 시간을 전부 무시하고 지역별로 묶을 수는 없는 노릇이었다. 고심 끝에 업체 사장님들의 영업장 키를 받아 각 배송 기사가 시간에 상관없이 새벽에 미리 식자재를 입고해 주는 방식을 제안했고 이것은 주요하게 적중되어 좋은 반응을 얻었다. 우리는 업장 키를 받은 이점을 잘 살려 새벽 배송을 더 앞당겨 새벽 3시에 배송했다. 그 결과 차가 막히지 않는 시간에 1차 배송을 끝내니 예상치 못하게 당시로는 파격적인 하루 2번 배송할 수 있는 새로운 길이 열려 고객에게 하루 2번 배송 서비스를 제공하게 되었다. 고정비용은 줄어들고, 효율은 극대화되어 남은 직원들의 처우가 대폭 개선되는 혁신이 이루어진 것이다. 우리의 모든 문제의 해답은 바로 성경 말씀에 있다고 믿는다. 우리는 삶의 어떤 문제에 봉착했을 때 성경 말씀 앞에 먼저 대면하는 훈련을 해야 한다. 예수님은 우리의 생명이시고, 진리이시고, 길이시다. 우리는 성경 말씀을 통해 나 개인의 문제, 우리 가족의 문제, 교회와 국가의 문제, 더 나아가 인류의 문제도 해결할 수 있는 답을 찾을 수 있다고 믿는다. 성경 말씀은 단순히 책이 아닌 창조주 하나님이 우리에게 주신 절대 진리이자, 우리 민족을 살릴 유일한 길이며, 인류 생존의 생명책이다.

오병이어 말씀대로 회사를 중심으로 한 서울 시내를 4그룹으로 묶어 하루 2번의 배송 시스템을 만들어 최대의 이익을 발생하는 혁신을 이루었다. 하나님께서는 마진이 적은 유통업에서 어떻게 이익을 내는지 성경 말씀을 통해 알려주신 것이다. 문제는 믿음이다. 이 땅에 많은 크리스천이 있다. 그들에게도 동일하게 성령 하나님이 내주하신다. 그런데 그들이 승리의 삶을 살지 못하는 것은 결과적으로 믿지 못해서 일 것이라 조심스럽게 예상해 본다. 그렇다. 성경 말씀을 다 들어도 실제로 믿고 순종하는 사람은 극소수일 것이다. 차이는 바로 거기서 시작된다. 성경 말씀은 우리에게 믿으라고 주신 하나님의 말씀이다. 아는 것과 믿는 것이 하나가 되어 순종할 때 하나님께서 기적을 베푸신다. 기적에는 사람이 해야 하는 몫이 있다. 아무리 하나님께서 신박한 아이디어를 말씀을 통해 주신다고 하더라도 사람이 그것을 믿어 순종하지 않으면 아무런 일도 일어나지 않는다. 성경 속에 믿음의 선진들이 전부 그러하듯이 하나님께서 말씀하실 때 단순하게 어린아이처럼 믿음으로 순종하는 사람들이 있었다. 아브라함이 그랬고, 요셉이 그랬고, 모세가 그러했다. 하나님은 그런 단순한 믿음으로 반응하는 사람들을 통해 지금도 기적을 써 내려가신다.

우리 눈에 보이는 세상만이 전부가 아니다. 성경은 보이지 않는 천국, 하나님이 다스리고 통치하는 하나님 나라가 있다고 말한다. 믿음으로 삶에 대한 문제를 해결하다 보면 보이지 않는 영적인 세계의 본질을 깨닫는 경우를 종종 경험한다. 그것은 하나님이 주시는 지혜로 볼 수 있는 통찰력이다. 하나님이 주시는 통찰력은 어느 날 갑자기 얻어지거나, 하늘에서 뚝 떨어지는 것이 아니다. 하나님을 그 무엇보다도 사랑하고 경외하는 마음, 그분 앞에 계산하지 않은 순수한 마음, 사건을 보는 관찰력과 영적인 민첩함, 또한 수많은 실패를 통해 얻어지는 삶의 경험이 쌓일 때 비로소 사안의 본질을 꿰뚫어 보게 되는 통찰력을 가지게 된다. 나는 유독 이런 하나님이 주시는 영적인 지혜와 통찰력을 늘 사모했고, 여러 번 하나님께 기도하며 구했었다. 그런 나에게 하나님께서 주시는 기도 응답은 바로 사업을 통해 생기는 여러 문제를 말씀을 통해 창의적으로 해결하는 방법을 가르쳐 주셨고, 사람들과의 관계성을 통해서도 하나님을 경외하는 법을 가르쳐 주셨다. 이러한 것들은 나의 바람에 조금씩 조금씩 지혜를 더하여 주셨다.

특히 사업의 세계는 비정하리만큼 냉정했다. 가족같이 함께 회사를 일궈온 직원들도 돈을 벌지 못하면 헤어져야 했다. 어려울 때일수록 사람은 생존본능이 일어나 남을 돌아볼 수 있는 겨를이 없어진다. 사업의 현장은 이것이 극대화된다. 오너가 겪는 가장 큰 고통이 바로 이것이다. 회사에 이익을 내지 못해 가족 같은 혹은 자식 같은 직원을 내보내야 하는 상황은 오너가 겪는 가장 힘들고 어려운 상황이다. 겪어보지 않은 사람은 이 감정을 모른다. 누군가에게 월급을 줘 본 인생과 그렇지 못한 인생은 삶의 마음가짐과 무게가 다르게 느껴진다. 또한 사람을 대하는 태도도 다르다. 이익을 내고 가족 같은 직원과 헤어지지 않기 위해서는 오너에게는 자존심 같은 것은 없어야 한다. 본인은 신념일지 모르지만 옆에서 보면 고집이다. 고집은 의지가 박약했을 때 나오는 것이다. 고집은 단기간에 성과를 내려고 하지만, 신념은 멀리 내다보며 의지를 발동시킨다. 신념은 시간을 오래 두고 이루어가는 성취이다. 신념이 강한 사람은 자존심을 버리고 자신이 이루고자 하는 바를 이루기 위해 어떠한 어려움도 감수하며 자신을 외부환경에 빨리 변화시킨다. 그러나 고집이 센 사람은 자존심이 강하며 외부환경의 변화에 둔감하다. 뿐만 아니라 변화를 두려워하여 변화되기가 어렵다.

사람은 변화해야 한다. 성경적인 변화는 성숙을 의미하며, 성숙은 고통과 아픔의 과정을 통과해야 한다. 내 자아가 죽고 내 생각이 변하는 것은 낭만적으로 이루어지지 않는다. 숲속에서 사색을 즐기고 좋은 카페에서 책을 읽으며 생각의 깨달음을 얻는다고 해서 내가 변할 것이라고 생각하는 것은 큰 오산이다. 내가 변한다는 것은 내 자아가 죽는 것을 의미한다. 사람은 쉽게 변하지 않는다. 내 생각이 깨지고 부서지는 과정을 실제 삶에서 겪을 때 사람은 인격이 성숙해진다. 사람이 질병이 들어 수술을 감행해야 할 때가 바로 건강을 회복할 수 있는 때이듯이 그 시기를 놓치면 수술도 효과를 얻을 수 없이 건강에 큰 재앙을 맞이할 수 있다. 수술할 수 있을 때 수술하는 것은 어쩌면 축복이다. 수술은 고통스럽지만, 수술 후 병이 제거되고 건강한 몸을 회복하면 새로운 삶과 인생을 얻게 된다. 수술이 힘들고 괴롭다고 해서 미루거나 모르는 척하면 나중에 손쓸 수 없이 악화되어 급기야 죽음을 맞이하게 될 수도 있다. 변화는 가만히 있는다고 하나님이 일으켜 주시는 것이 아니라 변화를 원하고 기도하는 사람에게 환경과 사건을 만들어 주신다. 우리는 이러한 삶의 수술을 통해 우리 혼이 부서지고 거듭나는 과정을 거치면서 비로소 다른 사람을 사랑할 수 있는 마음의 그릇을 가지게 된다. 이것이 바로 성경적인 변화이다.

우리 회사는 이러한 고통스럽고 어려운 변화의 과정을 통해 혁신을 이루었고 그 결과 "내가 변해야 모두가 산다"는 회사 사훈을 얻었다. 우리는 이 사훈을 아침조회 때마다 전 직원이 함께 외치며 하루를 시작한다. 이번 회사 혁신을 통해 정말 죽기 일보 직전의 사람을 어떻게 다시 살려내는지 배우는 기술을 익힌 것만 같았다. 그동안 힘들고 어려울 때 눈물로 기도했고, 그때마다 하나님께서 직접 내 인생을 개입하셔서 문제를 해결해 주시는 극적인 상황들을 수차례 경험했지만, 어느 시점부터는 극적인 기도 응답의 빈도는 훨씬 줄어들고 대신 말씀을 통해 문제 해결 방법과 수단을 알려주시는 새로운 신앙의 시즌으로 접어들었다. 하나님께서 이러한 나를 다루심이 변화하고 있다는 것에 처음에는 적응이 안 되었지만, 점차 이것이 하나님의 뜻이라는 사실을 인지하게 되면서 앞으로 펼쳐질 사건들에 대해 유연하고 창의적으로 준비를 해야겠다는 생각을 했다. 그리고 이 생각이 맞아 떨어져 이전과는 다른 강도의 문제들이 내 앞에 다가왔다.

천국을 빼앗다

"내가 변해야 모두가 산다" 하는 혁신의 결과로 얻어진 회사 사훈을 우리는 아침조회 시간 때마다 외치고 하루를 시작한다. 그렇다. 내가 변하면 나만 사는 것이 아니라 조직 전체가 살아난다. 우리 각 개인이 변하면 각 가정, 회사, 교회, 나라가 산다. 큰일을 하기 전에 먼저 자기 스스로가 변해야 한다. 그렇게 변화된 한 사람 한 사람이 모여 조직 전체가 변하는 것이다.

그러기 위해서는 자기 자신을 잘 알아야 하는데 우리는 스스로 자기 자신이 어떤 사람인지 성경적 관점에서 잘 알지 못한다. '나' 자신에 대해 알기도 전에 세상의 가치관과 교육에 이미 학습되어 내가 누군지 모른 채 그냥 살아가는 것이다. 그러다가 어느 순간 "나는 누구인가?"라는 존재적 물음에 직면했을 때 사람은 방황한다. 자기 자신을 알기 위해선 나를 디자인한 존재를 먼저 알아야 진정한 나 자신에 대해 알 수 있다.

그러므로 나를 창조하신 하나님을 알아가는 것이 나 자신이 누구인지 알 수 있는 유일한 해답이다. 이 전제를 하고 있지 않은 세상 종교와 철학에 대해 바울은 초등학문과도 같다고 표현했다. 그는 그리스도를 아는 지식이 가장 고상하다고 말했다. 그리스도를 알기 전 눈에 보이는 것을 전부라 믿고 살았던 그에게 그리스도를 만난 후 그는 영원한 하나님 나라를 전파하는 사도가 되었다.

20대 후반에 겪은 강제 철거를 통해 나 자신 그리고 삶의 계획, 세상으로부터 교육받은 지식과 가치관이 한순간에 무너짐을 겪으면서 하나님을 만나게 되었고, 나의 존재 이유와 이 땅에 살아가는 이유, 죽음 이후의 삶과 거의 모든 인생의 궁금증에 대한 해답을 찾았다. 남들이 뭐라 해도 이것을 아는 것만으로도 이미 인생에서 성공한 사람이라 생각한다. 무의미한 인생에서 매일매일 흥분되고 기적과도 같은 삶을 선물로 받았다.

물론 아직도 나는 인생의 훈련생이라 생각하지만 그럼에도 불구하고 확신할 수 있는 것은 왜 살아가는지를 아는 사람과 왜 살아가는지를 모르는 사람하고는 이 땅의 삶의 질이 하늘과 땅 차이라는 것이다. 프랑스 소설가였던 프란츠 카프카는 "있는 것은 오직 목표뿐이다. 길은 없다."라고 말했다. 현대 철학과 학문은 목적지를 말하면서도 그 목적지에 도달하는 길을 제시하지 못하고 있다. 현대 크리스천들도 마찬가지로 영적인 방황을 하며 천국과 영원한 하나님 나라가 있다는 사실을 잘 알지만, 그곳을 바라보고 좇을 수 있는 길은 모른다. 진리를 알지만 진리에 도달하는 길을 예수님이 아닌 다른 방법에도 있지 않은지 고민하는 것이 현대 크리스천들의 방황하는 모습이다.

마치 영생을 얻기 위해 예수님을 찾아간 부자 청년에게 가지고 있는 재물을 팔아 가난한 사람에게 나누어주고 주님을 따르라는 말에 근심하며 돌아선 이야기는 영생이 예수님께 있는 줄 알지만 따라갈 방법만큼은 주님의 길을 따를 수 없는 현대 크리스천의 모습을 보는 것과 같다. 우리는 예수님을 따라가기에 내려놓지 못하는 것이 너무 많다. 그것이 가족이 될 수도 있고, 재물과 외모가 될 수도 있고, 명예와 성공이 될 수도 있다. 우리는 각가지 여러 가지 이유로 예수님을 좇아가기를 어려워한다. 성경은 영원한 생명을 얻기 위해서 반드시 이 땅의 크고 작은 대가를 지불해야 한다고 말한다. 마치 밭에 숨겨진 보화를 발견한 사람은 자기가 가지고 있는 모든 소유물을 팔아 그 밭을 사고 기뻐서 어쩔 줄 몰라하는 것처럼 우리는 그렇게 천국을 소유한 적이 있는지 생각해 보아야 한다.

그리스도의 복음으로 인생을 맞바꾼 사람은 결단코 현실에 불만이 없다. 만약 어떤 그리스도인이 자신이 처한 현실에서 늘 불만, 불평 섞인 말들이 나온다면 아직 밭에 감추어진 보화를 산 경험이 없는 그리스도인인 것이다. 정확히 내가 이것을 안 순간 나는 내가 겪었던 일과 현재 처해 있는 상황, 환경, 직원들에 대한 원망이 한순간에 눈 녹듯 사라지는 경험을 했다. 지난날의 힘든 과정을 통해 밭에 감추어진 보화를 발견할 수 있는 눈을 가지게 된 것이다. 밭에 감추어진 보화를 우연히 발견해도 때론 많은 부분 그것이 보화인 줄 모르고 그냥 지나친다. 그러나 진짜 밭에 보화를 발견한 사람은 다르게 행동한다. 즉시 그 밭을 사는 과정에 들어간다. 예수님께서 천국을 말씀하실 때 "천국은 침노하는 자가 빼앗는다."라고 말씀하셨다. 천국은 그 누구에게도 양보할 수 있는 것이 아니다. 우리는 영적인 야망과 욕심이 있어야 한다. 천국은 침노하는 자에게 허락된다. 밭의 보화를 발견한 사람은 자신이 가지고 있는 모든 소유물을 팔아 어떤 대가를 지불해서라도 기어이 그 밭을 자신의 소유로 만든다. 천국을 막연하게나 추상적으로 접근해서는 안 된다. 실질적인 우리의 영혼에 영원함이 달린 문제다. 천국은 마치 세상 티켓처럼 예수를 구주로 영접했다는 교리적인 동의와 고백을 통해 판매되지 않는다.

물론 진실로 회개하고 믿는 자에게는 구원이 있다. 하지만 단순히 예수님 영접 기도문을 읊었다고 천국 가는 티켓이 주어졌다고 착각해서는 안 된다. 오늘날 사단이 승리한 부분이 바로 이 부분이다. 구원을 값싼 구원으로 만들었다. 우리는 깨어 있어야 한다. 구원은 결코 값싸게 주어지지 않는다. 복음은 죽음에서 시작해서 부활에서 끝난다. 하나님이 나를 위해 스스로 죽으셨다. 또한 남의 자식 살리기 위해 자신의 자식을 죽이셨다. 피 한방을 섞이지 않은 남의 자식을 살리기 위해 자신의 자식을 죽이는 부모는 없을 것이다. 그러나 하나님은 그렇게 하셨다. 나를 살리기 위해 하나밖에 없는 독생자를 죽이시고 나를 양자 삼으셨다. 우리가 아직 죄인 되었을 때 그리스도께서 우리를 위하여 죽으심으로 하나님께서 우리에 대한 자기의 사랑을 확증하셨다. 바로 나의 죄 때문에 누군가 죽었다는 사실을 깨닫는 사람은 어떤 식으로든 그 은혜를 갚으려고 노력할 것이다. 하나님이 주신 구원은 자기 자식의 피 값으로 주신 은혜이다. 이 은혜를 입은 사람은 자신의 인생을 자기 뜻대로 살 수가 없다. 자신 안에 있는 그리스도를 위해 사는 삶으로 바뀐다. 그러므로 사람이 진정으로 변하기 위해선 십자가 앞에 하나님을 대면해야 한다. 십자가 앞에 죽음과 부활을 경험한 사람이 진정한 변화를 맞이할 수 있다.

우리는 이러한 혁신을 거쳐 회사의 운영 방침도, 직원 관리도 새로운 변화를 맞이하고 있었다. 구역별로 담당 기사가 배송을 책임 하에 관리하고, 신규 영업에 대해서는 새로운 성과급 제도를 시행했다. 배송 기사가 자기 구역 안에서 영업활동을 하게 했고, 신규거래처에 대해서 인센티브를 월급 외에 성과제로 주기로 했다. 성과급제도의 효과는 바로 드러났다. 배송 기사들이 신규거래처를 영업해 오기 시작했다. 상당히 고무적이었다.

그러나 여기서 또다시 문제가 발생했다. 그중에는 부실 거래처도 상당히 있었다. 다시 고민이 되었다. 무조건 영업했다고 성과급을 주는 것이 이 바닥에선 맞지 않을 수 있었다. 워낙 신규 오픈과 폐업이 많고, 하루아침에 문 닫고 영업을 종료시키는 경우가 많아 미수금처리 문제가 늘 골칫거리다. 아니나 다를까 문제가 터졌다. 우리는 여의도에 한 외국계 호텔 식당에 식자재를 납품하고 있었다. 처음에는 거래가 잘 이루어졌으나 몇 개월 지났을 때 물건 대금이 입금되질 않았다. 담당자에게 확인한 결과 그 업체가 다른 기업에게 인수되어 물건 대금을 인수한 업체에게서 받으라는 통보였다. 나는 인수한 업체 담당자에게 연락을 했다. 담당자는 우리랑 거래한 것이 아니라 전 업체와 거래했으니 결재는 전 거래 업체에서 받는 게 맞다고 했다. 대금 결제를 서로 미루는 어처구니없는 상황이 벌어진 것이다. 업체가 바뀌는 과정에서 납품업체인 우리에게 고스란히 피해가 왔다. 적은 금액이 아니었기 때문에 고심 중 법무사에게 법률 자문을 구했고, 결국 인수한 업체가 물건값을 결재해 주기로 했던 내부사정을 알게 되었다. 하지만 두 업체 사이에 어떤 문제가 발생했는지 약속이 이행되지 않았고, 인수한 업체가 식자재 금액을 결제해 주기로 한 약속을 뒤집었다.

    정상적인 방법으로 돈을 받을 수 없다고 판단해 민사소송을 진행했다. 첫 재판 날이 다가왔다. 지난날 잊고 있었던 상법을 다시 들여다보았다. 학부 때 법학을 전공한 나는 장사하면서 다시는 법전을 들여다볼 일이 없겠다고 생각했었는데 아이러니하게 이번 사건으로 다시 민법과 상법을 들여다보게 되었다. 이럴 줄 알았으면 학부 때 공부를 좀 해놨으면 좋았을 텐데 하는 후회가 되었다. 그래도 재판 준비를 해야 했기 때문에 나름 다시 교과서를 보며 이론적인 부분을 살펴보았다. 그리고 거래명세서와 매출원장 및 서류 준비를 꼼꼼히 했다.

드디어 긴장되는 재판 시간이 되었다. 나는 다소 긴장되는 자세로 재판에 임했다. 판사는 내가 제출한 서류를 꼼꼼히 살펴보며 거래명세서에 납품받은 업체 담당자의 사인이 왜 없는지 질문했다. 예상하지 못한 판사의 질문에 당황했지만 침착하게 대답을 이어갔다. 이쪽 업계에서는 새벽에 배송이 이루어지므로 업체 담당자를 만나지 못하는 경우가 많아 사인을 받지 못한다고 설명을 했다. 내 생각에는 꽤 잘한 대답 같았지만, 곧이어 판사가 상대 업체에게 우리에게서 식자재 납품받은 사실이 있는지 질문했다. 상대방은 변호사를 직접 사서 대응했다. '변호사 살 돈 있으면 그냥 물건값 주지, 치사한 놈들'이라고 생각했다. 업체 주장은 이러했다. 업체를 인수한 것은 맞지만 우리랑 거래한 것이 아니기 때문에 돈을 지급할 의무가 없는 것이고 자신들은 소송 당사자가 아니므로 소송 각하를 판사한테 요청했다. 판사는 잠시 고민 후 다시 재판 날짜를 잡아 주며 다시 한번 심리하겠다고 했다. 재판이 끝나고 법정 밖에 복도에서 상대 업체 변호사와 마주쳤다. 얼마 받고 변호하는지 모르겠지만 배운 지식을 사람 억울하게 만드는 것에 쓰는 것 같아 곱게 보이지 않았다.

두 번째 재판 기일이 되었다. 판사가 요청한 국세청에 발행한 세금계산서 서류를 더 보강해 제출했다. 확실하게 납품한 것이 사실이고 물건 대금을 받지 못한 것에 대한 근거로 제시했다. 상대방 업체 변호사도 지난번 재판과 같이 자신들은 소송 당사자가 아니라고 주장했다. 판사는 나한테 다시 발언 기회를 주었다. 아무리 중간에 인수하였다 할지라도 계속 우리 물건을 받아 쓴 점과 업체가 바뀐 것을 우리에게 통보해 주지 않았기 때문에 당연히 같은 업체라 생각했는데 이제 와서 그쪽 내부사정으로 물건 대금 지급 책임이 없다는 것은 너희의 억울한 일이라고 말했다. 약간의 공방이 이어지고 판사는 다시 재판 기일을 한 달 뒤로 잡아 주었다.

시간이 지날수록 점점 지쳐갔다. 돈을 떠나 새벽에 근무하고 낮에 수시로 재판을 받기 위해 준비하는 일은 쉽지 않은 일이었다. 변호사 비용을 줄 수 없는 일반인들에게 재판은 너무 번거롭고 힘든 일이었다. 드디어 세 번째 재판 날이 왔다. 판사는 나에게 몇 가지 질문을 던지고 상대 업체에도 질문을 했다. 드디어 판결이 내려졌다. 결과는 소송에서 내가 졌다. 판사는 상대 업체에 손을 들어 주었다.

너무 억울해서 울분이 올라왔다. 상대 변호사의 의기양양한 표정에 마음이 참담했다. 잠 못 자고 새벽부터 일해서 물건을 납품한 결과가 패소라고 생각하니 도저히 참아지지 않았다. 상대 업체는 외국계 프랜차이즈 업체였기 때문에 별거 아닐 수 있지만, 우리에게는 큰돈이었다. 온몸에 힘이 빠졌다. 남의 돈 떼먹고 이렇게 재판해서 이기면 죄가 없어진다고 하니 마음이 심히 요동쳤다. 또다시 지난날에 구청의 강제 철거가 떠올랐다. 그때와 다른 게 있다면 이제는 신앙을 가졌다는 것이다.

돈과 힘으로 호텔을 이길 수 없다는 것을 직감했다. 당시 사무실과 회사 창고 사이에 조그마한 방을 따로 얻었었다. 이곳은 언제 어디서나 어떤 방해 없이 24시간 기도할 수 있는 나만의 기도실이었다. 그곳은 내 인생의 위기 때마다 눈물로 기도를 했을 때 상황이 반전되는 일명 '역전의 방'이다. 이번에도 이 '역전의 방'에서 하나님께 호소할 수밖에 없었다. 방에 들어가 요동치는 마음을 다잡고 기도에 들어갔다.

땅에서 풀면 하늘에서도 풀리리라

　기도실에 앉아 어느 정도 시간이 지날 때 한 통에 문자가 왔다. 그 문자는 물건 대금 입금독촉 문자였다. 수천만 원을 못 받아 재판하고 있었기 때문에 반대로 나 또한 입금해 줘야 하는 매입처 금액 대금도 고스란히 수천만 원이나 되었다. 한쪽에서는 물건 대금을 받기 위해 재판을 하고, 또 다른 한쪽에서는 그만큼의 돈을 주어야 하는 독촉 전화에 시달려 난공불락의 상황이 되었다. 매입처의 물건 대금 독촉은 강력했다. 현재 재판 중인 상황을 설명했지만, 그들에게는 통하지 않았다. 대출이라도 받아서 지급하라는 말뿐이었다. 전화상 서로 언성이 높아지며 분위기는 험악해졌다. 물건을 많이 팔아줄 때는 왕처럼 대우를 받았지만 물건 대금을 지급하지 못할 때는 인정사정 없었다. 샌드위치처럼 양쪽의 압박을 받으니 나의 상황이 서글퍼졌다. 사업을 하면서 숱한 고비를 여러 번 넘겼지만 돈에 대한 압박은 다른 차원의 압박이었다. 인간 존엄성을 짓밟는 압박과도 같았다. 자연스럽게 성경책에 손이 갔고 펼쳐진 성경 말씀의 "그런즉 너희는 먼저 그의 나라와 그의 의를 구하라 그리하면 이 모든 것을 너희에게 더하시리라" 하는 구절이 눈에 들어왔다. 나는 속으로 하나님께 말했다.

"하나님! 이제 이 말씀은 안 주셔도 됩니다. 이제 외웠습니다. 지금 저한테 필요한 건 돈입니다. 돈을 주십시오. 이 사업이 하나님의 사업이지 않습니까? 제가 나만 잘 먹고 잘살자고 사업한 게 아님을 하나님은 누구보다도 잘아시지 않습니까? 그런데 어째서 저에게 이렇게 어려움을 주십니까? 이 회사에서 하나님의 이름으로 성경 공부도 하고, 예배도 드리고, 직원들도 주님을 믿도록 전도했는데 저에게 어떻게 이런 수치를 당하게 하십니까? 제가 하나님 이름 걸로 사업하는 거 주변 사람 다 알고 하나님이 누구보다도 잘아시지 않습니까? 이렇게 수치를 당하면 하나님의 사업이 수치를 당하는 건데 그래도 괜찮습니까? 왜 돈을 주시지 않고 자꾸 그의 나라와 의만 구하라고 하십니까?"

눈물을 흘리며 원망과 한탄으로 기도를 드린 지 얼마 지나 마음이 진정되었을 때 말씀 한 구절이 떠올랐다.

"회개하라! 천국이 가까이 왔다."

노트에 순간순간 떠오르는 말씀과 생각을 적는 습관이 나에겐 있었다. 앞서 주신 말씀과 연결이 되어 '그의 나라와 그의 의, 하나님 나라가 임하기 위해서 먼저 회개를 요구하시나? 지금 내가 무엇을 회개해야 하는가?' 골똘히 깊은 생각에 잠겼다. 아! 하나님께서 나에게 뭔가 가르쳐 주시고자 허락된 상황이라는 것을 직감했고, 이 상황은 해결을 위해 기도하는 것이 아니라 하나님이 나에게 무엇을 요구하시는지 기도의 초점을 바꾸게 하셨다. 그리고 잠시 후 머릿속에 수많은 생각과 사건이 지나가면서 어머니의 얼굴이 떠올랐다. 바로 부모님에 대한 원망, 미움, 분노가 내 마음속 뿌리 깊게 잠재되어 부모님을 용서하지 못하고 있음을 알게 하셨다. 그동안 직접적으로 티를 내진 않았지만, 사실은 마음 깊은 곳에 내가 원치 않는 삶을 살게 한 부모님에 대한 원망이 아직 남아 있었고, 그에 대한 왜곡된 생각은 여전히 나의 신앙생활에 영향을 주고 하나님의 신실하시고 완전한 내 인생의 계획에 대한 불신이 있다는 것을 보게 하셨다. 이것이 하나님께서 허락하신 상황임을 깨달았다. 부모님을 용서하지 못한 마음이 있었음을 고백하고 진실로 하나님께 내어 드리는 기도를 드렸다. 무의식중에 해결하지 못한 부모님에 대한 원망, 쓴 뿌리, 용서하지 못한 마음을 왜 하나님께 해결 받아야 하는지 다음 성경 구절의 빚과 채무 관계를 통해 나에게 실질적으로 피부에 와 닿게 알려주셨다.

그러므로 천국은 그 종들과 결산하려 하던 어떤 임금과 같으니 결산할 때 만 달란트 빚진 자 하나를 데려오매 갚을 것이 없는지라 주인이 명하여 그 몸과 아내와 자식들과 모든 소유를 다 팔아 갚게 하라 하니 그 종이 엎드려절하며 이르되 내게 참으소서 다 갚으리이다 하거늘 그 종의 주인이 불쌍히 여겨 놓아 보내며 그 빚을 탕감하여 주었더니 그 종이 나가서 자기에게 백 데나리온 빚진 동료 한 사람을 만나 붙들어 목을 잡고 이르되 빚을 갚으라 하매 그 동료가 엎드려 간구하여 이르되 나에게 참아 주소서 갚으리이다 하되 허락하지 아니하고 이에 가서 그가 빚을 갚도록 옥에 가두거늘 그 동료들이 그것을 보고 몹시 딱하게 여겨 주인에게 가서 그 일을 다 알리니 이에 주인이 그를 불러다가 말하되 악한 종아 네가 빌기에 내가 네 빚을 전부 탕감하여 주었거늘 내가 너를 불쌍히 여김과 같이 너도 네 동료를 불쌍히 여김이 마땅하지 아니하냐 하고 주인이 노하여 그 빚을 다 갚도록 그를 옥졸들에게 넘기니라 너희가 각각 마음으로부터 형제를 용서하지 아니하면 나의 하늘 아버지께서도 너희에게 이와 같이 하시리라
마 18:23~35

예수를 믿는다는 것은 자기 힘으로 한평생 일해서 갚을 수 없는 엄청난 빚을 하루아침에 탕감받았다는 사실을 믿는 것과 같다. 이것은 종의 어떤 노력이나 행위가 조금도 섞일 수 없는 전적인 주인의 은총이다. 그렇다. 복음을 받았다는 것은 내가 결단코 해결할 수 없는 엄청난 채무의 빚을 오직 은혜로 탕감받은 자임을 아는 것이다. 그런 우리는 엄청난 은혜를 여러 가지 종교 행위와 바쁜 사역으로 핑계 삼아 다른 사람을 용서하는 것을 대체해 버리는 경우가 많다. 나 역시도 그랬다. 우리는 잊지 말아야 한다. 하나님의 계산법은 정확하시다. 모든 것에 당연한 것은 없다. 오직 하나님의 은혜는 내가 얼마나 철저한 죄인이라는 사실을 깨달은 비례만큼 부어진다. 엄청난 죄악을 사함 받은 은혜 입은 자라는 사실

을 잊지 말아야 한다. 그 은혜의 결과로 다른 사람을 용서할 수 있는 것이다. 이것을 놓친 사람은 자신의 빚을 탕감받은 사실을 잊어버리고 나에게 사소하게 잘못한 사람을 용서하지 못해 감옥에 가두는 우를 범할 수 있다. 그것은 결국 자신도 감옥에 가두는 결과를 가져오게 되는 것이 천국의 원리이다. 천국은 모두가 평등하고 정의로운 그저 막연히 좋은 곳이 아니다. 천국은 하나님이 통치하고 다스리는 실제로 이 땅에 임하게 될 나라이다. 그 천국이 어떻게 이 땅에 임할 것이고, 또 누가 들어가고, 어떻게 운영되는지 예수님께서는 복음서에서 자세히 말씀하고 계신다.

마지막 때 풀어져야 할 계시가 바로 이 천국 계시일 것이다. 우리는 천국에 대해 잘 모르고 천국 간다고 생각하고 있다. 예수님께서는 실제로 이 땅에 임할 천국을 말씀하고 계신다. 그 천국을 어떻게 통치하고 다스릴 것인지 우리에게 미리 알려주시고, 주님 다시 오실 그날까지 우리가 이 땅에서 살아가는 동안 천국 시민으로서 준비되길 바라시는 것이다. 하나님께서는 이와 같은 천국 원리를 사업과 인간관계를 통해 나에게 하나하나 실질적으로 몸으로 부딪치게 하시면서 말씀으로 깨닫게 하셨다. 바로 이렇게 터득한 하나님의 말씀이 나의 지혜이고, 나의 재산이다. 이때를 통과하면서 하나님의 말씀을 붙잡고 사는 훈련을 통해 모든 문제의 답이 이 성경 말씀에 있음을 경험으로 알고 지금도 그렇게 믿고 있다. 하나님께서는 이번 빚의 채무와 독촉을 통해 실질적이고 사실적으로 또 하나의 천국 원리를 경험하게 하셨고, 부모님에 대한 원망과 미움, 용서하지 못한 마음을 보게 하시면서 진심으로 이 마음을 하나님께 올려드리고 해결 받기를 원하셨다. 나의 기도가 하늘에 닿은 걸까! 그에 대한 응답이 실시간으로 바로 임했다. 누가 들어도 거짓말처럼 그 기도는 땅에서 묶임을 풀리게 했다. 모든 기도의 응답이 다 이렇게 되지는 않겠지만, 이날은 하나님께서 보란 듯이 그렇게 하셨다.

뜬금없는 전화 한 통화가 걸려왔다. 잊고 포기하고 있었던 1년 전의 받을 돈을 주겠다는 전화였다. 당시 우리 회사는 한 프랜차이즈 업체와 계약을 맺어 여러 매장에 식자재를 납품하고 있었다. 그런데 갑자기 그 업체가 부도가 나서 돈을 못 받고 포기하고 있었는데, 그 업체 사장님이 어찌 된 영문인지 늦게 연락드려서 죄송하다며 물건 대금을 주겠다고 계좌번호를 불러 달라고 했다. 나는 계좌번호를 문자로 남겼고 곧바로 이천만 원 상당의 못 받은 물건 대금이 입금되었다. 나는 감격의 눈물을 흘리며 "아버지, 감사합니다!"를 외쳤다. 정말 그렇게 땅에서 매이면 하늘에서 매이는 것이고 땅에서 풀리면 하늘에서 풀린다는 말씀을 실감 나게 경험했다. 우리는 원하는 것을 기도하기 전에 지금 사건을 통해 하나님이 나에게 원하시는 것이 무엇인지 먼저 구해야 한다. 그것이 그의 나라와 그의 의를 먼저 구하는 것이고, 그때 비로소 하늘 문이 열리는 것이다. 그전까지 하나님의 의중을 모른 채 그저 나의 요구사항만 말하는 기도 생활을 꽤 오래 하고 있었다. 물론 그것이 틀린 것이라고 할 수는 없겠지만, 그렇다고 해서 올바른 기도

생활은 아니었다.

    하나님은 우리가 성숙하길 원하신다. 우리가 아버지 하나님의 의중을 먼저 알고 기도하는 것을 더 기뻐하신다. 지금에서야 부모가 되고 나니 조금 더 알 것 같다. 자식이 나의 의중을 미리 알고 먼저 해주는 것만큼 부모로서 기쁘고 기분 좋은 일은 없을 것이다. 우리는 하나님을 아버지라고 부르면서 아버지의 의중을 전혀 알지 못한 채, 궁금해하지도 않으면서 기도 생활을 하고 있는지도 모른다. 나는 이 사건부터 하나님께 나의 바람을 드리는 일방적인 기도에서 하나님의 의중을 묻고 그것을 먼저 해드리는 하나님과 교통하는 기도를 하기 시작했다. 생각지도 못한 돈을 받게 된 나는 기쁨을 뒤로 하고 받은 돈 전부를 매입처 물건 대금으로 갚고 나니 무거운 멍에 하나를 끊은 기분이 들었다. 참으로 놀라우신 하나님의 시간표였다. 모든 사건에는 하나님의 계획이 있으시다. 비록 우리의 실수로 벌어진 일일지라도 그것을 선으로 바꾸시는 하나님이시다. 이 사건을 통해 하나님이 원하시는 바를 정확히 해드리는 것을 배웠다. 하나님은 우리의 아버지이시다. 신실하신 아버지께서는 나에게 가장 좋은 것을 때에 따라 정확히 주시는 분이시다. 우리는 그 아버지께서 원하는 것을 먼저 해드리는 자녀가 되어야 한다.

    다시 재판의 패소를 법무사와 상담하며 판결에 불복해 항소하기로 마음을 먹었다. 법무사는 나에게 회의적으로 말했다. 1심판결에서 졌으면 판결을 뒤엎을 만한 특별한 획기적인 증거가 없이는 항소를 하더라도 판결을 뒤집기 어려울 것이라고 했다. 그뿐만 아니라 소송으로 늘어난 소송비용까지 지불하게 되면 득보다 실이 더 클 것을 예상해 항소를 반대했다. 하지만 내 생각은 조금 달랐다. 이유는 모르겠지만 왠지 항소해야 할 것 같았다. 현실적으로 불리한 상황이긴 했지만 그래도 나는 왠지 모르게 이길 것만 같았다. 하나님께서 기도의 응답으로 연타석 안타를 치실 것 같은 느낌을 지울 수 없었다.

드디어 항소심이 열리고 재판이 시작되었다. 이번 항소심에는 여자 판사가 판결을 맡았다. 항소심 첫 재판에서는 나에게 거의 질문을 하지 않고 상대 호텔 측에 계속 질문을 던졌고 정말 묘하게도 호텔 측은 대답을 버벅거리며 잘하지 못했다. 나에게는 납품한 것이 사실이냐고 물어 나는 사실이라고 말하고 간단히 재판이 끝났다. 그리고 다음 재판 기일을 정해 주고 다시 재판 기일이 다가왔다. 이번에는 판사가 더 강도 높게 정곡을 찌르는 질문을 호텔 측에 던졌다. 본인들 주장대로 물건 대금의 책임이 없는 상태에서 식자재 업체를 바꾸지 않고 왜 보름 이상 물건을 계속 받았는지 설명해 보라고 했다. 그 질문을 받은 호텔 측의 변호사는 당황하는 모습이 역력했다. 곧이어 판사는 재판을 끝냈다. 분위기가 묘하게 내게 유리하게 흘러갔다. 판사는 선고기일을 정해 줬다.

시간이 흘러 선고기일이 되었고 상대방 호텔 측은 참석하지 않은 채 판사는 나에게 승소 판결을 내려줬다. 1심판결을 뒤집은 것이다. 법무사에게 내가 이겼다고 연락을 하니 정말로 잘 일어나지 않는 일이 일어난 것이라면서 자기도 내가 이길 줄을 몰랐다고 말했다. 하지만 모든 것은 하늘에서 허락하면 불가능한 것이 없다는 것을 난 알고 있었다. 하늘의 허락을 받기 위해선 우리가 먼저 하나님의 바람이 뭔지 알고 그것을 해드리는 것이다. 그것이 이 땅에서 푸는 것이고, 이 땅에서 먼저 풀릴 때 하늘의 오더가 이 땅에 내려진다.

말씀으로 살 것이라

　재판에서 승리하고 한시름 놓을 때쯤 결혼하고 늘 회사 일과 사역만 보고 달려와서 그런지 우리 부부에게 아이가 생기지 않았다. 우리 가정에 재정비로 변화가 필요한 시점이었다. 나는 회사가 있는 영등포와 동떨어진 서울 외곽으로 거주지를 옮기기로 했다. 당시에는 회사 직원들의 결근 시 대비해 늘 빠르게 대처할 수 있도록 최대한 회사에 가까운 곳에 집을 얻었었다. 그로 인해 일과 가정생활에 구별이 없이 지낸 것이 부작용 아닌 부작용이었다. 그때 당시 우리 가정도 아이가 생기지 않아 오랫동안 기도하고 있었고, 아내도 결혼하고 병원 일과 가정 일을 돌보며 체력적으로 지친 상태였다. 아내에게 병원 일을 당분간 내려놓고 쉬면서 아이를 갖기 위한 몸 상태를 만들자고 제안했고, 아내도 받아들여 집은 회사에서 동떨어진 서울 외곽 경기도 부천에 인접한 곳을 얻어 이사하게 되었다.

　그곳은 도심 속에 있지만 한편 자연 속에 있는 곳이었다. 집 근처에 저수지와 철길, 약수터가 있었고, 빌라 단지 안에는 산책길이 있고, 아침에 각종 새 소리를 들을 수 있었다. 봄에는 벚꽃이 만발해 지친 몸과 마음에 안정감을 가지기에 매우 적합한 곳이었다. 우리 부부는 신혼 초기에 같이 미술학원에서 그림을 배운 적이 있었다. 새로 이사한 집은 지하 1층과 지상 3층짜리 30년 된 집이었고, 지하에 미술 작업실을 마련해 시간 날 때마다 그림을 그리며 지친 심신을 달래곤 했다. 이때 당시 우리 부부는 데생, 수채화, 유화 등 여러 작품을 남겨 대부분 몇몇 지인들에게 선물로 주었다. 하지만 우리 단둘이 살기에는 너무 큰 집이라 집의 활용도를 놓고 기도하던 중 선교사님들이 잠깐 머물러 쉴 수 있도록 2, 3층을 게스트하우스로 쓰기로 했다. 이 게스트하우스는 목회자 부부와 선교사님들 그리고 쉼이 필요한 청년들도 간혹 이용했다. 아내도 병원 일을 쉬면서 지친 몸과 마음을 회복하고 있었다.

어느 날, 우리 회사에서 후원하고 있는 한 대안학교 교장 선생님에게서 연락이 왔다. 교장 선생님과 이런저런 대화를 하던 중 학교에 한 학생의 최근 있었던 이슈에 대해 말씀해 주시면서 그 학생의 반복되는 잘못에 대해 어떻게 하면 바로 잡을 수 있을지 서로 이야기를 나누었다. 그 학생의 이슈는 주로 돈과 거짓말에 관한 것이었고 이것이 반복되어 학교의 다른 학생들에게 물의를 일으킬 정도였다. 우리 회사는 영등포에 가장 큰 중국집 중 한 군데에 깐 양파를 납품하고 있어서 창고 한 군데에서 깐 양파 공장을 운영하고 있었다. 순간적으로 이 학생에게 땀 흘려 일하는 노동의 숭고한 가치와 그렇게 해서 번 돈이 얼마나 소중하고 귀한지 일깨워 주기에는 양파 까기 작업만큼 좋은 일이 없을 것 같다는 생각이 들었다. 교장 선생님에게 산학협력 차원으로 우리 회사에서 현장 실습과목을 만들어 주고 수업 대신 현장 실습을 하면 출석을 인정해 줄 것을 제안했다. 교장 선생님은 나의 제안에 흔쾌히 응해 주셨다. 교장 선생님은 동민이가 학교생활에 있어서 규칙을 잘 준수하지 못할뿐더러 수업 시간 중간에 이탈해 PC방에 자주 간다는 말을 해주셨다.

며칠 후 교장 선생님과 동민이가 우리 회사에 왔다. 처음 본 동민이의 모습은 천진난만한 순수한 학생의 모습이었다. 동민이에게 하루일과와 업무에 대해 자세히 이야기해 주고 회사 규칙을 온전히 지킬 때 교장 선생님에게 말씀드려 출석이 인정될 것이라고 말해주었다. 동민이의 하루일과는 오전 9시에 출근해 12시까지 1차 작업을 끝내고 점심시간 1시간을 가진 후 다시 오후 1시부터 오후 5시까지 2차 작업을 해 간 양파를 손수레를 이용해 식당에 직접 납품하고 수금까지 하는 업무였다. 여기까지 작업을 해야 학교 출석이 인정되고 작업 중 화장실을 가거나 쉬는 시간을 가질 시 반드시 요청해서 허락하에 가지게 되는 꽤 엄격한 규정을 두고 동민이의 마인드 개조 작업이 시작되었다.

동민이의 작업능률과 일에 대한 성취감을 올려주기 위해 월급 대신 본인의 능력을 고취해 작업한 만큼 본인이 직접 보상을 받게

끔 했다. 사람은 남이 아니라 자신을 위해서 일할 때 가장 생산성이 높아진다. 자기가 번 돈은 자기가 가질 수 있도록 법적으로 보장된 나라는 국민 생산성이 높아지고, 기업의 혁신이 일어나며, 사회가 발전하게 된다. 나는 동민이에게 깐 양파 kg당 500원 주기로 약속했다. 양파의 껍질을 까 10kg씩 담아 1자루에 담으면 5,000원을 벌게 된다. 그렇게 10자루를 만들면 5만 원을 벌 수 있다. 능숙한 작업자는 8시간이면 하루 25자루에서 30자루를 작업한다. 금액으로 따지면 하루 10만 원에서 15만 원을 일당으로 가질 수 있다. 사실 시간제한 없이도 본인의 능력에 따라 많이 까면 깔수록 돈을 벌 수 있는 구조다. 나의 일당 계산에 흥미를 보인 동민이는 금방 큰돈이라도 벌 수 있는 것처럼 꽤 진지하고 열심히 쉬지 않고 일에 임했다. 그러나 본인의 바람과는 달리 작업속도는 더딜 수밖에 없었다. 작업이 능숙하게 되기까지는 시간이 필요하고 양파 까는 기술이 숙달되어야 했다. 모든 것은 과정이 필요하고 그 과정 없이 돈을 쉽게 벌 수 있는 것은 아니었다.

동민이는 본인이 생각한 만큼 작업속도가 빠르지 않다는 걸 깨닫고 답답해했다. 하루 8시간 작업한 양파를 손수레로 싣고 납품처의 창고 2층 철재 계단을 양손에 양파 자루를 들고 나르는 일은 고된 육체노동이었다. 동민이는 점차 지각하는 횟수가 늘어났고, 어느 날은 식사하고 무단으로 작업장으로 돌아오지 않는 일이 발생했다. 교장 선생님께 이와 같은 사실을 알렸다. 교장 선생님은 아마 근처 PC방에 있을 수 있으니 나보고 근처 PC방을 찾아보라고 했다. 얼마 후 거의 일과가 마무리될 때쯤 작업장에서 깐 양파를 주섬주섬 담고 있는 동민이 모습이 보였다. 그리고 그 천진난만한 모습이 일그러지면서 반항심 가득한 표정을 지으며 양파 자루를 작업장 구석에 던지며 불만을 폭발시켰다. 지금껏 어떤 규율도 없이 자유롭게 살던 동민이에게 갑작스러운 엄격한 규율은 굉장한 스트레스였을 것이다. 이렇게 내면에 감추고 있던 분노를 한꺼번에 표출했던 것이다. 내 인생에 아무도 끼어들지 말라며 작업장 밖으로 박차고 나가는 동민이에게 나는 큰소리로 외쳤다.

"지금 나가면 네 인생도 끝나는 거야!"
"안 그래도 살고 싶지 않은데 그냥 인생 끝낼 겁니다!"

이 말을 들은 순간 가슴이 철렁했다. 혹시나 어떤 극단적인 생각을 할까 싶어 불안한 마음이 들었다. 요즘 청년 세대들은 이전 세대들보다 삶의 무게와 고통을 견디어내는 내적 힘이 연약해져 있다. 여러 가지 이유가 있겠으나 주요 통계가 말해 주듯이 현재 우리 청년들에게는 자살과 마약에 사로잡고 있다. 우울의 영이 지배하고 있다고 해도 과언이 아니다. 부모 세대들의 축적된 부를 어느 정도 누리며 혜택을 받아온 현재 청년 세대들은 물질적인 큰 어려움 없이 살아온 세대들이다. 그러나 아이러니하게도 물질적인 혜택에 비례하는 만큼 정신적인 문제가 많은 세대다. 우리 부모 세대의 최대 사명은 가난으로부터 탈출이었다. 본인들은 못 먹고 못 배웠어도 당신들의 자녀들에게는 제대로 교육해 가난을 대

물려 주지 않고자 했던 사명이 뚜렷한 삶이었다. 그 부모 세대들의 눈물겨운 헌신과 노력 끝에 가난의 대물림은 어느 정도 끝나게 되었으나 우리 아이들에게서 우리나라의 한국병이라고 하는 전 세계에서 유례를 찾아볼 수 없는 사교육 열풍과 성공지상주의, 극단적 물질만능주의에 영혼을 빼앗긴 것처럼 미래에 대한 극도의 불안한 모습을 각종 지표에서 볼 수 있다. 현재 청년 세대들은 내면이 유리병처럼 깨지기 쉬운, 마음이 아픈 하트 브레이크 세대다.

동민이 또한 내면의 상처가 많은 학생이었다. 가정환경의 불안함 속에서 내면의 상처를 해결하지 못하고, 겉과 속이 다른 아이로 성장해 왔다. 동민이는 특유의 천진난만한 표정과 웃음은 사람들에게 호감을 샀지만, 겉보기와는 달리 어둡고 불안한 자아를 감추는 가면이 존재했다. 조금 친밀해지면 속에서 나오는 이중적이고 거짓된 태도에 인간관계가 그리 오래가지 못하고 금방 깨지곤 했다. 그런 동민이 모습에 측은한 마음이 들었고 사실 나의 어릴 적 모습을 보는 것만 같았다. 동민이를 진심으로 돕고 싶은 마음으로 동민이를 어떻게 할지 고민하며 기도하고 있었다. 교장 선생님께 보고해야 할지 조금 더 기다려야 할지 고민하며 그동안 동민이에게 공들였던 시간이 생각나 여기서 어떻게 해야 할지 갈림길에 섰을 때 머리에서 번쩍이는 "예수께서 대답하여 이르시되 기록되었으되 사람이 떡으로만 살 것이 아니요 하나님의 입으로부터 나오는 모든 말씀으로 살 것이라 하였느니라 하시니 마태복음 4장 4절" 말씀이 있었다. 그렇다. 하나님은 내 생각을 바꿔 주셨다. 사람에게 가장 필요한 것은 바로 하나님의 말씀이었다. 진짜 우리를 살릴 수 있는 것은 떡이 아니라 하나님 입으로부터 나오는 말씀이라는 사실을 하나님께서 다시 확인시켜 주셨다. 내 인생의 위기 순간에 하나님께서 말씀으로 나를 살리셨고 인도했듯이, 지금 동민이에게도 필요한 것은 결국 돈이 아닌 하나님 말씀이었다. 다시 동민이의 하루 일정을 재편성했다. 아침에 출근하면 바로 말씀 고백과 기도를 하고 일과를 시작해서 점심 식사 후 오후 일과 사이에 성경 공부를 같이하는 시간을 새로 넣었다. 그리고 동민이가 다시 돌아오기만을 손꼽아 기다리고 있었다. 얼마 후 동민이는 정말 거짓말처럼 양파 공장에 다시 돌아왔다.

시간의 주권자 하나님

다시 돌아온 동민의 모습은 많이 초췌해져 있었다. 일단 지난날 행동에 대해 잘못을 묻지 않기로 하고 대신 동민이의 새로운 일과와 규칙을 다시 알려주고 이를 성실히 이행할 때만 받아주고, 그렇지 않으면 이쯤에서 학교로 돌아가는 것을 권했다. 깨진 신뢰 관계가 다시 회복되기에는 시간과 노력이 전보다 몇 배의 힘이 필요했다. 이제 우리는 전처럼 서로 믿고 신뢰하는 관계가 아닌 조건부 관계가 되었음을 알려주었다. 의외로 동민이는 작심한 듯 "이왕 시작한 것, 완수해 보고 싶다."라고 하며 의지를 불태웠다. 분명 전과는 달라진 모습이었지만 이번에는 스스로 행동에 책임을 질 수 있도록 구두로 약속하는 것보다 문서로 남기자고 제안했다. 각서 같은 거였지만 일종의 언약서 와도 같다. 구체적인 내용은 다 기억나진 않지만 대략 정해진 규칙을 잘 이행하면 나도 헌신적으로 돕고, 그렇지 않을 때 바로 학교로 돌아가는 골자의 내용이었다. 동민이는 각서에 서명하고 새로 짜인 일과표에 성실히 임할 것을 다짐했다. 동민이는 일과표에 따라 매일 정해진 성경

하루 분량인 시편 5편과 잠언 1장의 말씀을 소리 내서 읽는 것으로 시작되었다. 그리고 오전 양파 작업을 마치고 점심을 먹고 난 뒤, 성경 공부를 함께 30분 정도하고 오후 일과에 들어가 양파 까는 작업을 계속 이어갔다.

기도하면서 말씀 고백 후 하루를 시작하는 것은 나의 경험에서 체득한 하나님의 주신 강력한 무기이다. 사업을 하면서 하루에도 수많은 결정을 빨리 내려야 할 때가 많았다. 대부분 돈하고 직접적으로 관련되어 있다 보니 잘못된 결정에 따른 리스크는 회사에 직접적인 타격을 주었다. 매일 시간에 쫓기고 눈앞에 놓인 당장 급한 일을 처리하다 보면 충분히 기도하고 결정을 내릴 시간이 늘 부족했고 그렇게 내린 결정은 항상 아쉽고 불안했다. 일과를 끝내고 늦은 밤까지 잠을 쪼개서 개인적인 영적 생활을 관리하다 보면 수면 부족에 시달렸고, 몇 년에 걸쳐 쌓인 피로로 인해 영적 생활의 질은 좋을 수 없었다. 기도의 깊이와 말씀에서 받는 영감의 강도가 그렇게 크지 않았다. 사업 초기에는 매출 늘리는 데만 모든 역량을 집중시켰기에 기도 응답으로 매출이 많아지고 일이 늘어나 상대적으로 관리할 일들이 눈덩이처럼 늘어나자 영적인 생활을 놓치고 일에 매몰되는, 우선순위가 바뀌어 주객이 전도되는 일이 사이클처럼 반복되었다.

이 시절 하나님께서는 돈의 십일조뿐만 아니라 시간의 십일조를 주님께 우선으로 드리는 것이 무엇인지 실질적으로 가르쳐 주셨다. 시간의 주권을 이전까지 단 한 번도 하나님께 드린다는 생각을 해본 적도 없었고, 배운 적도 없었다. 시간은 하나님으로부터 나한테 주어진 것으로 생각하고, 내 마음대로 활용해도 된다고 생각했었다. 그래서 시간만큼은 내 유익에 따라 내 마음대로 사용하고 있었다. 그것이 별문제가 된다고 생각해 본 적이 없었다.

그런데 사업을 통해 하나님께서 나에게 주신 가르침 가운데 가장 큰 것 중 하나가 바로 시간의 주인은 하나님이라는 것이다. 정말 내가 사업을 하지 않았더라면 시간의 개념이 하나님 것이라는 걸 깨닫지 못했을 것이다. 나는 사업 초창기에 벌어지는 수많은 사건 사고를 통해 그것을 해결하기 위해 매번 기도의 자리로 나아갔다. 그때 뼛속 깊이 배운 것이 바로 시간의 주인은 하나님이라는 것이었다. 잘 생각해 보면 시간은 내가 쓰는 것 같지만, 사실 우리는 시간을 내 마음대로 쓰지 못한다. 왜? 상황과 환경에 매여 있기 때문이다. 그 상황과 환경을 100% 하나님이 조성했다고 말할 수 없지만 분명한 것은 최종 주권이 하나님께 달려 있다는 것이다.

지금 내가 처한 상황이 비록 나로 인해서 일어났든, 타인에 의해서 일어났든 모든 일에는 하나님의 허락하심이 없이는 일어나지 않는다. 그래서 내가 원하든, 원치 않든 이 모든 상황이 하나님이 허락하셨다면 하나님의 깊고 넓은 계획이 있음을 믿어야 한다. 이 믿음이 우리에게 들어오면 우리는 실망하지 않고 하나님 앞에서 올바른 신앙관을 가질 수 있다. 여기서 믿음에 대한 오해가 있을 수 있는데 믿음은 어느 날 하늘에서 뚝 떨어지는 것이 아니다. 물론 다 그렇다고 단정 지어 말할 수는 없지만, 대부분 하나님을 신뢰하는 믿음을 얻기까지 성경의 수많은 믿음의 선진들은 본인의 삶에서 깨지고 부서지는 아픈 과정을 통과해 하나님이 어떤 분인지 인격적으로 알게 되었다. 이것은 지식으로 깨닫는 것이 아니라 삶을 통해 하나님이 어떤 분인지 알게 되는 "믿음"이며, 하나님을 인격적으로 아는 "믿음"이다. 하나님은 하나님이 어떤 분이지 우리에게 알게 하려고 때론 우리가 원치 않는 상황과 환경을 허용하신다.

우리가 이 땅에서 얼마만큼 성공하고 얼마만큼 큰 성취를 이루었는지는 크게 중요하지 않을 수 있다. 그보다 먼저 우리는 우리가 하나님 앞에 어떤 사람인지가 더 중요하다. 우리는 하나님의 평가를 더 의식해야 한다. 지금 상황이 나의 실수나 죄로 인해서 벌어졌건 아니면 타인에 의해서 억울한 일이 벌어졌건, 그 모든 상황을 이끄시는 것은 오직 하나님의 주권에 달려있다는 믿음이 우리에게 필요하다. 하나님이 내 삶의 모든 것을 주관한다는 인식은 고난을 통과하는 큰 힘으로 작용한다. 모든 상황은 하나님이 주관하신다. 자기 아들을 내어주어 우리를 살리신 분이 현재 내 상황을 허락하셨다면 그 이면의 깊은 뜻이 있지 않겠는가? 모든 일에 우연이나 실수가 없으신 하나님이 우리의 인생을 주관하고 있다면 지금 닥친 고난도 결국 우리를 위한 것이 아닐까 생각해 보면 우리가 다 인식하지 못했을 뿐이지 많은 순간 우리의 죄와 실수를 하나님께서 선하게 바꾸셨다.

건강한 신앙을 갖기 위해 모든 시간의 주권이 하나님께 있음을 전제로 인정해야만 바른 신앙관이 이 시점부터 생긴다. 시간의 주권을 그동안 막연하게 생각했었고, 실질적으로 피부로 와 닿은 것은 사업을 하면서다. 사소한 작은 일부터 큰일까지 내 뜻대로 되지 않는 것을 이때 뼈저리게 경험했다. 모든 것이 하나님의 때와 시간표가 있었고, 기다리는 훈련을 통해 하나님의 선하신 인도하심이 무엇인지 배우게 되었다. 회사에서 발생하는 수많은 문제를 내가 다 해결할 수 없음을 깨닫고 나서부터는 하나님께 '이 사업을 허락하셨으니 하나님께 사업을 올려드린다.'라는 마음으로 진심으로 기도했고, 하나님은 그때그때마다 어려운 상황을 말씀으로 돌파구를 보여 주셨다.

하루에 시작의 주권을 하나님께 먼저 드리는 것, 이것이 싸움의 시작이다. 나는 하루의 시작을 하나님께 먼저 드리는 것으로 시간의 주권이 하나님께 있음을 표현했다. 그 본은 예수님이 먼저 우리에게 보여 주셨고 제자들은 그런 예수님 옆에서 보고 배웠을 것이다. 말씀에 나와 있는 상황을 보며 내가 제자인 것처럼 상상하며 말씀으로 들어가 새벽에 예수님을 좇아가 보기로 했다. 예수님은 매일 같이 몰려드는 사람들로 엄청나게 많은 사역을 눈뜰 새 없이 감당하셨다. 예수님의 사역이 절정에 다다랐을 때 제자들도 극도의 스트레스에 지쳐 입이 삐쭉 나와 불만 불평을 쏟아냈을 것이다. 그런 제자들은 매일 새벽마다 어디론가 이동하는 예수님을 보면서 의아해하며 생각했을 것이다.

어느 날, 인기척을 느낀 호기심 많은 베드로가 일어나 몇몇 제자들을 깨워 예수님이 어디로 가는지 미행했을 것으로 상상해 보자. 그때 제자들은 의외의 광경을 목격하게 될 것이다. 바로 예수님께서 피곤한 몸을 이끌고 새벽에 하루의 시작을 기도로 올려 드리며 시간의 주권을 하나님께 드리는 것을 목격했을 것이다. 그동안 이스라엘에 어떤 선생이나, 정치 지도자나, 종교 지도자에게서는 볼 수 없었던 모습일 것이다. 제자들은 이런 예수님의 모습을 보고 당황스러움과 동시에 큰 영감을 받았을 것이다. 예수님께서는 일과를 시작하기 전 인적이 드문 곳에서 새벽에 기도함으로 그 많은 사역의 시작을 어떻게 준비하고 있었는지 행동을 통해 몸소 제자들에게 가르치셨다. 말씀 속의 예수님께서 혼자 새벽에 기도하시는 장면은 나에게 강력한 인사이트로 다가왔다. 난 똑똑하진 않지만, 기도만큼은 다른 사람보다 잘할 수 있다는 생각과 예수님께서 새벽에 홀로 기도하시는 장면에 큰 영감을 받아 하루의 시작을 하나님께 주권을 드리기로 한 것이다.

신혼 초부터 새벽 2시~3시에 일어나는 삶에 대해 늘 하나님께 불만 불평을 가졌지만, 한 번도 그 상황을 잘 활용하는 것에 대해 생각해 본 적이 없었다. 또다시 말씀을 통해 조명해 주신 예수님의 모습은 내가 앞으로 가야 할 길이 어떤 길인지 보여 주셨다. 시간의 주권을 하나님께 드릴 때 사업이 내 것이 아니라 하나님의 것이라는 확신을 갖게 되었다. 어차피 일어나야 하는 새벽 시간을 활용해 기도로 하루를 먼저 드리기로 생각이 바뀌고 나니, 그 시간이 너무 감사한 특권과도 같았다. 분명히 상황과 환경은 바뀌지 않았지만 내 마음의 태도가 바뀌니 새로운 돌파구가 열린 것이다. 하나님이 이런 상황을 허락하신 것은 나를 위한 것이라는 확신이 들었고, 상황에 맞서기보다 내가 변화하는 쪽을 선택하게 했다. 이것은 하나님을 신뢰함으로 내려진 믿음의 결단이었다. 그것에 응답이라도 하신 것일까! 매일 사무실에 울리던 고객 항의 전화는 거짓말처럼 급격하게 줄어들기 시작했고, 무엇보다 직원들의 사건 사고가 사라지며 평안한 주중이 생긴 적도 있었다. 자질구레하고 번잡한 일들이 하나둘씩 잡혀 오히려 회사 매출이 늘어나면서 나의 개인적인 시간이 생겨났다. 이 시절 대학에서 강의하는 야간 경영자 수업을 들을 수 있는 시간도 생겨 전에 없던 교육의 기회를 얻었다.

시간의 주권을 하나님께 드리는 것이 얼마나 중요한지 사업을 통해 몸으로 배웠다. 시간이 많다고 해서 신앙생활을 잘하는 것도 아니요, 또 시간이 없다고 해서 신앙생활을 못하는 것도 아니다. 이것은 주권의 문제이다. 주어진 시간의 주권이 하나님께 있는지, 나에게 있는지 결정할 문제이다. 아이러니하게 시간을 내가 결정하고 계획했을 때는 시간이 남아도 늘 부족했지만, 시간의 주권을 하나님께 드리고 나니 시간이 부족해도 많은 성과를 낼 수 있었다. 시간의 주권이 누구에게 있는지 아는 것은 우리가 하나님 앞에 사명이 있는 삶이라는 사실을 일깨운다. 땅에서 주어진 삶은 영원할 것 같지만 순간과도 같이 너무 짧다.

크리스천은 하나님의 사명이 있다는 것을 인식할 때 비로소 진짜 인생이 펼쳐진다. 그 사명의 시작은 하나님께 시간의 주권을 먼저 드리는 것에서부터 있다는 것을 알아야 한다. 참으로 놀라운 시간의 주권과 사명과의 관계의 비밀이 실타래처럼 풀어졌다. 내가 이 시장에 온 것은 끝이 아니라 과정 중에 있었고 사명을 이루기 위한 시간이었다. 이 땅에서 살아가는 사명자로서 시간의 주권을 하나님께 드리는 것은 크리스천으로서 반드시 한 번은 해야 하는 결단이라고 생각한다.

또한 시간을 왜 하나님께 드리는 것이 그토록 중요한지 유한한 우리의 삶의 효율성을 놓고 생각해 보면 알 수 있다. 이것은 경험해야 한다. 얼마 전 친구가 전해 준 이어령 박사님의 "사람은 말과 경쟁해 말보다 빨리 달리려고 애쓰는 것이 아니라, 말에 올라타 말을 지배해야 한다."라는 조언이 생각났다. 말은 내가 경쟁해서 싸워 이겨야 될 상대가 아니라 올라타 지배해 말의 힘을 이용해야 될 대상이다. 생각의 틀을 바꿔야 한다. 상황과 환경은 맞서는 것이 아니라 내가 바뀌어 상황과 환경을 다스리는 것이다.

이제는 무엇이 지혜인지 아주 조금 알 것 같다. 종종 청년 시절의 내 모습을 떠올릴 때면 미련하게 행동한 것이 생각나 나도 모르게 헛웃음이 나온다. 상황과 환경에 맞서 바꾸려고 하는 젊은 나의 모습을 볼 때, 마치 말과 경쟁해 더 빨리 달리려고 하는 모습이었다. 지금 중년의 내가 청년 시절 나에게 꼭 조언해 주고 싶은 말이 있다면 "성한아! 상황과 환경에 맞서지 마라. 그 대신 네가 변해야 한다. 네가 생각과 마음의 태도를 바꿀 때 상황과 환경을 다스릴 수 있다."이다. 지혜로운 사람은 상황과 환경에 맞서는 것이 아니라 그 상황을 허락하신 하나님을 신뢰함으로 내가 변하는 사람이다. 그 사람이 진정한 승리자다.

동민이 또한 말씀을 고백함으로 하나님께 시간의 주권을 드리는 것이 효과가 있었을까! 두 달 남짓 일하는 기간 몰라보게 달라졌다. 항상 흐릿한 눈빛은 또렷하고 총명한 눈빛으로 바뀌었고, 체력도 좋아졌고, 무엇보다 동민의 말에 신뢰가 생기는 말의 힘이 느껴졌다. 정말 몰라보게 달라진 모습에 나도 놀라고, 주변 사람 모두 놀랐다. 이처럼 하나님의 말씀 한 구절이 깨달아지고 우리 마음 가운데 심어져 열매 맺는 것은 놀라운 신비로 하나님이 인간을 살리는 방법 중 하나다.

part 4

내 마음에 임한
하나님의 나라

TURNING POINT

반석 위에 집을 지은 지혜로운 사람

　어느 날, 한 외식업 프랜차이즈 회사로부터 연락을 받았다. 이 업체는 이제 막 프랜차이즈 브랜드를 만들어 서울의 한 백화점 푸드코드에 입점한 상태였다. 이 업체의 특징은 저렴하면서도 불고기가 듬뿍 담긴 컨셉으로 도시락 업계에 기존에 볼 수 없는 가성비 높은 메뉴로 도시락 시장에 도전장을 내민 도시락 업계의 후발주자였다. 이 업체의 전략은 가격은 편의점 도시락과 비슷하지만, 내용 면에서 백화점에서 먹을 수 있는 정도의 퀄리티를 높이는 약간의 차별화된 전략이었다. 업체 대표는 우선 백화점 푸드코드에 입점하여 브랜드가치를 높이고 필드 매장으로 진출하는 방식을 채택했다. 보통 필드 매장에서 잘 되면 백화점에 입점하는 방식인데 이 업체 대표는 반대의 전략을 구사했다. 업체 대표는 전화로 자신의 전략을 나에게 상세히 설명한 후에 자신이 입점할 백화점 매장에 안정적으로 물건을 공급해 줄 수 있는지 문의했다. 업체 대표의 말을 듣고 상당히 사업 수완이 좋다는 생각이 들었고, 백화점 위치가 다소 멀기는 했지만, 장래성을 내다보고 거래하기로 했다. 시간이 지날수록 의외로 선풍적 인기를 끌면서 서울 시내 다른 지역의 백화점까지 입점을 늘려나가기 시작했고, 우리도 덕분에 매출이 늘어나고 있었다.

빠른 속도로 다른 서울 시내 백화점으로 매장이 확대되면서 물건 대금 역시 급격하게 늘어났다. 문제는 매장이 늘어나면 늘어날수록 미수금도 그만큼 늘어나는 구조였기 때문에 마냥 좋을 수만은 없었다. 늘어나는 미수금 문제를 해결하기 위해 대표와 만날 것을 요청했고 서울에 모 백화점 자신의 매장에서 만나기로 했다. 매장에는 대표가 미리 나와 있었고, 때마침 점심시간쯤 되어서 자신의 도시락으로 같이 식사하자고 제안했다. 그 업체 대표는 자신의 도시락을 언젠가는 내가 한번 먹어봤으면 좋겠다고 생각했었는데 때마침 오늘 만났으니 같이 먹어보자고 했던 것이다. 나도 평소 맛이 궁금하던 참이라 일단 같이 도시락을 먹기로 했다. 주 메뉴는 돼지불고기로 만든 불고기 도시락이었다. 맛은 놀랍게 좋았고 저렴한 가격에 비해 상당이 고급스러운 맛을 내고 있었다.

식사를 마친 후 본론으로 들어가 밀린 미수금 대금에 관해 이야기를 나누었다. 업체 대표는 미수금이 갑자기 늘어난 이유가 갑자기 여러 군데로 매장이 뻗어나가는 중이라 성장 비용이 꽤 많이 들어 어쩔 수 없이 사업 확장 자금이 투입되어 일시적으로 부족한 상황이지 사업이 안되어서 돈을 못 주는 것이 아니니 조금만 기다려 주면 대출금이 나오는 대로 이른 시일 안에 대금 지급을 하겠다고 약속했다. 나는 업체 대표를 만나 대화를 나눈 후 조금 더 기다려 주기로 했다. 이렇게 첫 번째 만남을 가진 뒤 헤어졌고 그 후로도 매출은 계속 늘고 있었다.

도시락 프랜차이즈 업체의 성장으로 평소에 고민하고 있던 주간 업무에 대해 생각하고 있었다. 그토록 하고 싶던 주간 업무를 할 수 있는 좋은 기회라 생각했다. 야간 구매 업무를 대신할 믿을 만한 직원을 이쯤에서 뽑아 새벽에 물건 구매하는 업무를 대신할 수 있도록 가르치고 싶었다. 주변 지인들에게 시장에서 밤에 물건 구매할 수 있는 직원을 알아봐 달라고 알렸다. 그리고 얼마 지나지 않아서 어머니가 출석하고 있는 교회 지인의 소개로 50대 중반인 송 씨를 소개받게 되었다. 송 씨의 이력은 전직 개척교회 목사님 출신이라는 특이한 이력을 가졌다. 개척교회가 문을 닫고 일터에서 주로 운전직 업무를 하다가 어머니 교회 지인 소개로 여기까지 온 것이다. 마침 우리 회사에서 예배도 드리고 있었으므로 회사에 목사님이 계시면 내심 좋겠다는 생각이 들었다. 내가 하고 있는 구매를 맡기는 것도 왠지 모르게 신뢰할 수 있다고 생각해 함께 일할 것을 제안했다. 송 씨도 나의 제안을 흔쾌히 받아들이고 처음으로 농산물 식자재 유통하는 일을 배우기 시작했다. 여러모로 나에게도 새로운 국면에 접어들기 시작했다. 사업을 시작한 지 거의 10년 만에 밤에 출근이 아닌 새벽에 출근할 수 있게 된 것이다. 아무튼 송 씨는 나에게 밤에 잠을 잘 수 있도록 해준 고마운 분이다.

시간이 어느 정도 지나 잘 나가던 도시락 프랜차이즈 매장은 매출이 주춤하기 시작했다. 급기야 백화점에 매장이 하나둘씩 빠지기 시작해 느낌이 심상치 않아 업체 대표에게 전화를 걸어 동향을 살펴보기로 했다. 전화 통화로 업체 대표에게 늘어난 미수금 문제에 대해 다시 말을 꺼냈다. 업체 대표는 나에게 만나자고 요청해 우리는 약속 시간과 장소를 잡고 한 번 더 만났다. 약속 장소는 지난번과 같은 서울에 한 백화점 매장이었다. 업체 대표에게 지금 상황에 대해 어떤 해결책을 갖고 있는지 물었다. 처음 봤을 때 자신감 넘치는 눈빛과 말투는 사라졌고 얼굴색도 아주 어두웠다. 뭔가 좋지 않게 흘러가고 있는 것을 감지할 수 있었다. 곧이어 업체 대표는 본인의 최근 근황을 털어놓았다. 무리한 사업 확장으로 늘어나는 매장관리를 제대로 하지 못했고, 매장 관리자 또한 제대로 훈련되지 않은 상태에서 점장이 되니 오히려 확장이 독이 되어 맛과 질이 계속 떨어져 손님이 점차 줄어 하나둘씩 사업장 폐쇄로 사업에 큰 어려움을 겪고 있다고 했다. 현재는 건강상의 문제까지 생겨 있는 매장 또한 유지하기 힘들다고 토로했다. 작은 성공에 도취해 준비 없이 확장하여 오히려 독이 된 사례가 된 것이다. 과거 내 모습을 연상시켰다.

돈은 좇으면 좇을수록 도망간다. 돈도 그릇이 준비되어야 모을 수 있는 것이다. 사업을 할 때 가장 많이 느꼈던 것은 돈이라는 것은 벌기 너무 힘들다는 것이다. 처음 시작은 누구나 다 잘될 것을 생각하며 부푼 꿈을 안고 시작한다. 그러나 사업으로 성공하는 사람은 극소수라는 것을 조금 지나면 깨닫게 된다. 사업이 망하지 않는 방법은 단 하나다. 항상 진리는 단순하다. 버는 것보다 덜 쓰면 된다. 돈을 벌기는 힘들지만 대신 우리는 돈을 아끼는 법을 먼저 배워야 한다. 내가 왜 이 말을 하는지 사업을 해본 사람은 어느 정도 이해할 것이다. 의외로 많은 사람이 이 말에 별 신경 쓰지 않고 매출을 늘리는 것에만 더 많은 에너지를 투자한다.

그러나 내가 할 수 있는 영역이 있고 하나님이 하시는 영역이 있는 것이다. 우리는 내가 할 수 있는 영역에서 최선을 다할 때 하늘이 돕는다. 아끼고 고정비용을 줄이는 건 내가 할 수 있는 영역이다. 대부분 사람은 내가 할 수 있는 일은 안 하고 하나님의 영역에 도전해 매출을 올리려 한다. 우리는 반대로 해야 한다. 실력을 쌓고 고정비를 줄일 수 있는 곳에서 최대한 아끼고 노력할 때 의외로 매출은 뜻하지 않은 곳에서 터진다. 무조건 버는 것보다 덜 써야 한다. 그래야 망하지 않는다. 사업은 살아남는 자가 승리하는 것이다. 살아남다 보면 언젠가 기회가 온다.

사람들은 조급한 마음에 매출을 올리는 데에만 더 신경을 쓰고, 여러 가지 마케팅 기법을 배워 요즘 흐름에 맞춰 외부 업체에게 위탁해 광고에 나선다. 그러나 나는 그 반대라고 생각한다. 매출을 그렇게 올려놓고 내부 관리가 안 되어 대부분 사업을 망치는 것을 자주 본다. 조금 장사가 잘되면 사람을 고용하고 사장은 골프 등 여러 가지 여가를 누리러 다니며 사업장을 비운다. 그러면 반드시 망한다. 내 마음과 행동에 완전히 혼연일치 된 직원과 압도적인 자본력이 마련되기 전까지는 한눈팔아선 안 된다. 직원 관리, 돈, 비품 하나 절약하고 아낄 때 실력이 되는 것이고 업장에 무기가 만들어진다. 그렇게 쌓인 실력과 무기는 절대로 배반하지 않는다. 예를 들어 진정한 맛집은 광고 없이도 다 찾아온다. 그리고 그 업장에는 늘 사장이 있다. 다 허물어져 가는 가게라 할지라도 찾아오고, 아무리 비싸도 맛있으면 다 사 먹는다. 먼저 실력을 쌓아야 한다. 그러고 나서 마케팅을 접목해 매출이 폭발해도 감당할 수 있는 것이다.

영적인 영역도 이와 같은 원리다. 우리는 먼저 복음에 대해 깊게 누려야 된다. 예수가 그리스도라는 내 인생의 답을 먼저 내려야 한다. 그것이 불분명한 상태에서는 교회에서 봉사하고, 헌신하고, 훈련을 많이 받았다 할지라도 근본적인 변화 없이 종교 생활에 빠질 위험성이 있다. 예수님의 십자가에서 죽으심과 부활하심이 나의 죄와 아무런 연관성을 못 느끼고 신앙생활 하는 사람들이 너무도 많다. 어찌 보면 교회라는 문화생활에 익숙해 신앙생활 하고 있는지도 모른다. 신앙생활에서 말하듯이 신앙이 생활을 이끌어야 하는데 신앙은 없고 교회생활만 있는 성도들이 꽤 많다. 신앙생활은 반드시 예수가 내 인생에 주와 그리스도라는 확고한 답을 내린 사람들이 언약공동체 안에서 교회를 이루는 것에서부터 본격적으로 시작된다.

한참을 자신의 현재 근황을 이야기하고 난 뒤 곧이어 업체 대표는 황당하고도 뜻밖의 제안을 했다. 너무 어처구니없는 제안이었다. 속으로 이 사람이 제정신이 아니라는 생각이 들기까지 했다. 자신이 지급해야 할 미수금을 당장 줄 수 없으니 그동안 쌓아왔던 불고기 도시락의 맛과 비법을 전수해 줄 테니 이것을 전수하는 조건으로 미수금 지급을 대신해 주시면 어떻겠냐는 제안이었다. 업체 대표가 너무 힘든 나머지 이성적인 판단이 흐려져 정신적으로 문제가 생겨 실언한 것이라는 생각이 들었다. 업체 대표의 제안에 상관없이 만약 미수금 지급이 어려울 때 민사소송에 들어갈 수밖에 없다고 말하고 작은 여지를 두지 않고 돌아서 나왔다.

회사로 돌아가는 길에 어떻게 천만 원이 넘는 미수금을 도시락 요리 비법과 바꾸자고 할 수 있는지 정신이 돌아 버린 것이라고 생각이 들었다가도 한편으로는 그래도 맛은 있었는데 한번 '알아나 볼까' 하는 생각이 들었다. 내가 만들면 왠지 잘할 수도 있을 것 같다는 작은 소용돌이 같은 미동이 마음 한구석에서 느껴지면서 내 안에 또 다른 사람의 작은 속삭임이 나를 설득하고 있었다. 좀 더 기도하면서 하나님께 응답을 구해 보기로 했다. 이성이라는 사람이 말도 안 되는 제안이라 일말의 가치도 없다고 설득하고 있었지만, 왠지 모르게 '내가 요리하면 잘할 수 있지 않을까' 하며 또 다른 사람이 나를 설득하면서 내 안에 두 사람이 나를 사이에 두고 치열하게 대립하고 있었다. 그 업체 대표도 이상했지만 나도 마찬가지로 이상했었다. 그 이상함이 때로는 하나님이 인도하는 방법이었다는 것을 훗날 깨닫게 되었다.

 오랜 기도 끝에 결론을 내렸다. 망한 사람과 소송에 들어가면 경험상 오랜 시간이 걸리고 어차피 돈을 받을 수 없는 현실이라면 불고기 도시락 비법이나 전수받기로 마음이 돌아섰다. 다시 도시락 업체 대표를 만나 나의 정리된 생각을 제안하기로 했다. 이로써 우리는 세 번째 만남을 가졌다. 비법 전수와 매장 물품과 집기류를 다 우리 소유로 넘겨줄 것을 제안했더니 업체 대표는 흔쾌히 동의했고 감사하다고 했다. 나는 도시락 비법 전수와 매장의 주방 용품들을 가지고 새로운 도시락 브랜드를 만들어 보기로 큰 결심을 내렸다. 새로운 도전을 하기에 매우 적당한 때라는 생각을 했었기에 내가 하던 야간 구매 일을 송 씨가 대신 할 수 있도록 인수인계가 되고 있었고 나머지 다른 업무는 직원들에게 어느 정도 위임이 된 상태였다. 미수금 대신 불고기 도시락 만드는 비법을 전수받기로 한 초유의 사태가 벌어진 것이다.

허물의 사함을 받고

내 인생에 한 번도 계획해 본 적 없는 식당을 차리게 되었다. 난 꿈에서라도 식당을 하게 될 줄은 정말 몰랐다. 거래처 물건값 대신 도시락 기술을 이전받아 도시락집을 차린다고 하니 가족부터 모두 반대에 나섰다. 편의점 도시락이 워낙 저렴하고 구성도 다채롭게 잘 나와 기존 도시락업체들이 고전을 면치 못하는 상황에서 새로운 도시락 브랜드를 만든다는 것은 무모한 도전이라고 대부분 조언해 주었다. 그 조언에 동의는 되었지만, 한편으로는 이 세상은 늘 변수가 존재한다고 믿었다. 모토로라가 스타텍으로 전 세계 핸드폰 시장을 장악해 핸드폰 시장은 경쟁할 수 없는 모토로라 왕국이라고 생각했지만 곧이어 애플은 스마트폰을 시장에 내놓고 핸드폰 시장의 판도를 바꿔 모토로라를 구시대 유물로 만들었다. 일본의 대기업 소니도 워크맨으로 전 세계 소형 카세트 시장을 점령했을 때, 아무도 소니의 아성을 무너뜨릴 수 없을 것만 같았지만 MP3의 등장으로 소니의 워크맨 또한 한순간에 사라지고 테이프가 필요 없는 파일로 음악을 듣는 획기적인 새로운 시대를 열었다. 그렇다. 새로운 눈으로 바라보면 새로운 길이 보인다. 깊은 밤 새벽 동틀녘이 가장 빛나듯이 길이 보이지 않을 때가 바로 새로운 길을 만들 때다. 기술 전수를 어느 정도 받은 후 그 업체 사장의 도시락 브랜드를 그대로 쓸지 아니면 새롭게 브랜드를 만들어야 할지 고심 끝에 그동안 시장에 없는 새로운 컨셉의 도시락 브랜드를 만들기로 했다. 오전 근무가 끝나면 일단 편의점에 가서 아침밥을 편의점 도시락으로 해결했다. 가격과 맛, 구성을 어떻게 경쟁력 있게 할지 편의점의 모든 브랜드 도시락을 먹어보기 위해서다. 어느 정도 편의점의 도시락을 섭렵했을 때, 이번에는 기존의 도시락업체의 도시락들을 먹어보기로 했다. 좀 과장해서 당시 한국의 모든 브랜드를 맛본 것 같다. 편의점 도시락이 기존 도시락의 판도를 바꾸는 중이었다. 가격 대비 맛이 기존 도시락업체의 생존을 위협할 정도로 편의점 도시락의 기세는 무서웠다. 예상보다 이 시장이 만만치 않음을 느꼈다. 저렴한 도시락의 컨셉은 편의점에 밀릴 것 같았고, 그렇다고 해서 고급 도시락 시장을 겨냥하기에는 아직 기술과 자본이 부족한 상태였다. 나만의 무기를 가지고 싶었다. 현재 도시락 시장에는 없는 나만의 무기를 가진 도시락을 만들기 위해 연구에 돌입했다. 식자재 유통회사의 일을 직원들에게 위임하고 본격적으로 도시락 브랜드와 컨셉을 만드는 데 전력투구를 다 했다. 늘 새로운 도전에는 설렘과 기대와 두려움이 공존한다.

사업은 의외로 완벽하게 준비되어 실행하는 경우는 그렇게 많지 않다. 어떤 경우 영감이나 직감으로 벌어지는 일이 상당이 많다. 그렇다. 사업은 아이디어가 아니라 실행력이다. 머릿속에 있는 걸 실행하느냐, 못 하느냐의 차이다. 일단 실행하고 그때그때 문제를 끊임없이 창조적으로 해결하는 법을 배움으로써 실전 경험이 쌓인다. 그렇게 축적된 노하우가 실전 무기로 이어지므로 결국 사업은 어느 때, 무엇을 할지 그 타이밍과의 싸움이다. 눈에 보이지 않고 사람들이 표현하지 않아도, 사람들이 무엇을 원하고 필요로 하는지 읽을 줄 아는 눈썰미가 필요하다. 감각 눈썰미는 돈 주고 살 수 있는 것이 아니다. 의외로 사람들은 돈이 많으면 사업에 성공할 수 있으리라고 생각한다. 하지만 사업해본 사람은 돈은 그저 사업의 윤활유일 뿐이지 연료는 아니라는 것을 안다. 사업의 연료는 끊임없는 열정과 실행력이다. 아이러니하게도 자본금이 많아 실패하는 사업이 부지기수이다. 많은 사람이 완벽하게 준비된 상태에서 일을 시작하면 성공할 것으로 생각하나 현실은 그렇지 않다. 스스로 완벽하게 준비해도 늘 예상치 못한 외부적인 변수와 환경의 문제들이 기다리고 있다.

어떤 면에서 사업은 굉장히 영적인 일이다. 사람은 처음 가진 생각이 10번쯤 바뀔 때 비로소 다른 사람들이 만족할 만한 것을 만들어 낼 수 있다. 처음 가진 생각이 옳다고 하는 신념을 버려야 한다. 하나님께서 지난날 사업을 통해 나에게 가르쳐 준 것 중 크게 한 가지 꼽으라면 바로 '자기 부인'이다. 그렇다 사업은 철저하게 내 생각이 중요하지 않다. 시장에서 내가 만든 제품을 원하느냐, 원하지 않느냐 하는 것이다. 오로지 고객의 요구에 맞춰 섬기지 않으면 선택받지 못한다. 사업을 통해 살아남기 위해 내가 가진 생각을 수십 번, 수백 번 꺾는 훈련을 받았다. 그것은 누군가가 훈계하고 혼내서 변화시키는 것보다 훨씬 더 실질적이며 강력한 변화를 일으킨다. 돈 앞에서 장사가 없듯이 사업은 돈을 가지고 다스림을 받는 직종이기 때문에 하나님은 사업을 통해 내 자존심과 생각을 내려놓고 어떻게 사람을 섬겨야 하는지 그 훈련을 아주 값비싼 수업료를 치르게 하면서 배우게 하셨다. 내 뜻대로 안 되는 것이 복이라는 것을 이때 배웠다. 드디어 오랜 연구 끝에 도시락 시장에 새로운 브랜드를 만들어 내놓았다. 가격은 편의점 도시락처럼 저렴하고, 내용은 집밥처럼 어머니의 손맛을 담은 집밥 도시락 컨셉이었다. 식자재 유통을 하는 이점을 살려 거래처 중 맛집이 쓰는 음식 재료를 어느 정도 알고 있었기 때문에 가격은 편의점처럼 저렴해도 모든 반찬과 요리는 그날 아침에 요리해 나가는 엄마의 손맛이 담긴 집밥 컨셉의 도시락으로 시장에 도전장을 내민 것이다. 실제로 주방에서 일하는 분은 자식을 3명 낳고 기르신 아주머니로 채용했다. 가게의 인테리어와 상표의 이미지, 도시락의 메뉴 구성까지 직접 컨셉을 잡고 처음부터 브랜드를 새롭게 만들었다. 내 인생에 계획에 없던 도시락집을 차린 것이다. 도시락집은 주방장 이모와 주방 보조, 나 이렇게 셋이서 일하기 시작했다. 도시락집은 아담했지만, 위치는 문래동에 직장인들 이동 경로가 많은 회사 건물 사이의 사거리에 오픈을 했다. 처음에는 개업 효과인지, 호기심인지 사람들이 많이 이용하고 도시락의 꽃인 단체주문도 들어왔다. 매장은 작았지만, 입소문이 나서 저렴한 불고기 도시락은 꽤 인기가 많아 매장에 인산인해를 이루었다. 자신감을 얻어 메뉴를 점차 하나둘씩 늘려나갔다. 이 무렵 나는 주로 오전과 낮에 도시락집에서 근무하고 늦은 오후에는 유통회사로 넘어가 회사 일과를 정리하며 양쪽 일을 병행하였다.

그렇게 한 1년 정도 흐르던 어느 날, 식자재 유통 쪽에서 매출이 점점 떨어지는 것이 파악되었다. 회사 회계 프로그램을 자세히 살피다가 이상한 점을 발견하게 되었다. 물건 매입할 때 실제 지출한 금액과 매입 영수증이 달랐던 것이다. 혹시나 하는 마음에 회사 물건 매입 업무를 맡은 송 씨의 화물차를 열어 보았다. 송 씨의 매입 장부에는 거래처에서 날짜가 생생하게 적힌 물건 매입한 영수증 다수가 발견되었고, 또 그 옆에는 아무것도 적히지 않는 영수증들이 수북하게 있었다. 송 씨는 거래처 영수증을 다수 확보해 실제 매입한 금액보다 더 많은 금액을 적어 회사에 청구하고 그 차익을 중간에서 가져간 것이다. 참으로 믿었던 사람이었는데 마음이 너무 안타까웠다. 송 씨를 누구 보다 믿었고, 회사 기도회도 나 대신 잘 이끌어 주었기 때문에 내가 받은 충격은 상상 그 이상이었다. 떨리는 마음으로 회사 트럭에 있는 장부를 가지고 송 씨의 집 앞에서 송 씨가 일어나 출근하길 기다렸다.

새벽에 출근하는 시간대에 송 씨의 집 앞에 있다가 송 씨가 일어날 때쯤 전화를 걸었다. 내가 지금 송 씨 집 앞에 있다고 하니 송 씨가 당황해하는 음색이 영역했다. 송 씨와 나는 집 앞에 있는 트럭에 같이 들어가 앉았다. 송 씨도 뭔가 낌새를 차린 걸까, 잠깐의 적막이 흐르고 체감한 듯이 나에게 하실 말씀 있으면 하라고 말을 건넸다. 나는 떨리는 마음으로 어렵게 말을 꺼냈다. 그리고 회사 트럭에 있던 송 씨 장부에서 발견한 매입 영수증과 회사에 청구한 영수증 금액이 다른 것을 보여 주며 금액이 다른 것을 설명해 달라고 했다. 영수증을 본 송 씨는 매우 당혹스러워하면서 자신의 장부를 내가 가지고 있는 것에 질색하고 있었다. 매우 안타까운 마음을 금할 수가 없었다. 사실 송 씨를 추궁하고 싶은 마음보다 잘못을 인정하면 계속 함께 일하고 싶은 마음이 더 컸다. 송 씨는 이런 나의 마음과 다르게 자신의 장부에 함부로 손을 댄 것을 문제로 삼았다. 나는 송 씨에게 계속 이렇게 나오면 우리가 서로 돌이킬 수 없는 강을 건널 수도 있으니 다시 한 번 회삿돈 횡령에 대해 잘못을 인정할 생각은 없는지 물었다. 송 씨는 본인의 잘못을 먼저 인정하는 대신 나의 잘못을 말하며 자신의 잘못을 격하시키려 했다. 사실 송 씨의 그 모습은 묘하게도 나의 모습과 교차되어 보는 것만 같았다. 다만 우리가 다른 점은 송 씨는 죄의 한 부분이 드러나 고침 받을 수 있는 기회를 얻은 것이고, 나는 수많은 죄가 드러나지 않았을 뿐인 것이다.

누가 더 복이 있는 사람일까? 죄가 드러나 고침 받을 수 있는 기회를 잡은 사람일까? 아니면 드러나지 않은 죄를 여전히 숨기고 있는 사람일까? 사람은 누구나 죄인이고 죄 그 자체이다. 죄인인 존재가 하나님의 은혜로 죄가 가려진 채 살아가고 있는 것뿐이다. 죄가 드러나면 고침 받을 수 있는 기회를 얻지만, 더 무서운 것은 죄가 드러나지 않고 스스로 그 죄를 오랫동안 짓는 것이다. 나 또한 죄인이고 하나님의 은혜로 수많은 죄가 아직 드러나지 않았을 뿐이다. 성경에서는 "허물의 사함을 받고 자신의 죄가 가려진 자는 복이 있다"라고 말한다. 하나님은 죄를 드러내시기 전에 먼저 우리에게 스스로 처리하도록 기회를 주신다. 아직 나의 죄가 드러나지 않았을 뿐이지 죄가 없는 것이 아니다. 나는 송 씨가 스스로 죄를 인정하고 처리하길 바랐다. 하나님은 이 사건을 통해 나에게 중요한 가르침을 주셨고 앞으로 사람을 대하는 척도가 되었다. 죄가 드러났을 때 어떻게 태도를 정하는지에 따라 우리의 앞길이 달라진다. 우리가 알아야 할 것은 우리의 죄가 드러나지 않은 것은 하나님의 은혜에 의해서지 결코 내가 의롭기 때문은 아니다.

송 씨에게 더 말하는 것은 아무 의미가 없는 것으로 판단이 되어 그만 헤어져 서로 각자의 갈 길로 가기로 하고 이 사건을 조용히 묻어 두기로 했다. 물론 마음 같아서는 송 씨에게 법적 책임을 묻고 싶었지만 그냥 그렇게 하지 않았다. 나는 차에서 송 씨에게 해고 통보를 하고 송 씨를 차에서 내리게 했다. 그리고 몇 개월의 시간이 흘러 한 통의 충격적인 부고장을 받게 되었다. 그것은 바로 송 씨 죽음의 소식이었다.

모든 혀가 자백하리라

장례식에서 송 씨의 영정사진을 보며 만감이 교차했다. 송 씨는 도대체 왜 죽었을까? 유가족분들은 송 씨가 등산을 간다는 마지막 말을 남기고 주말 아침 집을 나서고는 며칠째 연락이 끊긴 채 북한산 자락에서 변사체로 발견되었다고 했다. 아마 등반을 하다가 추락사한 것으로 추정된다고 했다. 조문을 마치고 집으로 돌아오는 길에 아나니아와 삽비라 사건이 머릿속에서 스쳐 지나갔다. 자신의 소유물 중 일부를 감추고 일부만 사도들에게 가져가 전체를 헌금한 것처럼 꾸민 그들의 행위를 베드로가 추궁하자 그 즉시 즉사한 사건이다. 하나님의 사랑은 무궁하시고 그 인자하심이 한이 없으시지만, 한편으로는 우리의 삶을 정확히 계산하신다. 죄가 드러났을 때 어떠한 태도를 보이느냐가 중요하다. 우리 미래가 거기서 결정될지도 모른다. 조문을 마치고 회사로 돌아오는 길에 겸허한 마음이 들어 나 또한 하나님 앞에 결점과 허물이 많은 사람으로서 죄가 드러났을 때 정직한 마음으로 하나님 앞에 나아가게 해 달라는 기도가 절로 나왔다.

사람은 누구나 죄를 짓는다. 죄 없는 사람은 하늘 아래 아무도 존재하지 않는다. 하나님은 다른 사람의 죄를 보게 함으로써 어쩌면 나의 죄를 스스로 처리할 수 있도록 기회를 주시는지도 모른다. 어느 순간 죄가 드러나면 그때가 사실 오랫동안 묵혀둔 죄를 처리할 좋은 기회다. 하나님은 우리의 상상 그 이상으로 기회를 많이 주신다. 오래 참으시는 인자하신 그분이 죄를 드러냈을 때는 우리의 영혼을 위해서 그렇게 하시는 것이다. 진짜 중요한 건 죽음 이후의 삶이다. 우리는 그것을 망각하면서 살아간다. 죽어서 영원히 살게 된다는 사실을 망각하게끔 이 세상은 바쁘게 돌아간다. 아마 사단의 전략일 것이다. 우리는 죽어서 천국과 지옥 둘 중에 한 곳에 영원히 살게 된다. 현세의 삶에 집중하게 만드는 나의 삶, 나의 집, 나의 돈, 나의 노후…. 우리는 현재 자기 사랑의 과잉 시대에 살고 있다. 현실은 나의 삶에 초점을 맞추게 하며 끊임없이 나를 위해 집착하게 만든다.

우리는 과연 현실의 삶에 집착하는 노력만큼 죽음 이후의 삶을 얼마나 준비하고 있는가? 살아있을 때 우리 삶이 죽음 이후의 삶을 결정한다. 오직 살아있을 때만 기회가 있어 죽음 이후에는 이미 때가 늦는다. 우리가 복음을 전해야 하는 이유가 바로 여기에 있다. 복음을 전하지 않는 이유는 어쩌면 단순할 것이다. 죽음 이후의 삶이 그렇게 현실적으로 다가오지 않기 때문이다. 감동받았던 영화 한 편, 맛있는 음식 한 그릇도 내 주변 사람에게 전달하는 것이 바로 인간이다. 나를 영원한 죽음에서 건진 복음을 전하지 않는다는 것은 그만큼 죽음 이후의 삶을 현실적으로 느끼지 않기 때문이다.

성경에는 죽은 이후의 삶을 체험한 두 남자의 이야기를 생생하게 묘사하고 있다. 누가복음의 이야기는 비유가 아니라 실재 있는 이야기를 예수님께서 말씀하신 것이다. 바로 거지 나사로와 부자의 이야기다. 둘은 죽음 이후 운명이 갈린다. 거지는 살아서는 비참한 삶을 살지만 죽어서 아브라함 품에서 안식을 취하고 있었고, 현세에서 많은 것을 누린 부자는 죽어서 음부에서 극심한 고통 중에 괴로워하며 멀리 아브라함 품에 있는 거지 나사로를 바라보게 된다. 이 장면은 실로 소름 끼치게 한다. 죽음 이후의 삶에서 서로를 바라볼 수 있다는 것이다.

부자는 아브라함에게 나사로를 다시 현세로 보내서 나의 형제들에게 죽음 이후의 삶을 전해 이곳에 오지 않게 해달라고 간청한다. 죽은 자가 가서 이야기하면 회개할지 모르니 그렇게 해달라고 살아있는 자신의 친족들이라도 살게 해달라고 간청하는 것이다. 그러나 아브라함은 이미 그들은 살아 있을 때 모세와 선지자들에게 죽음 이후의 삶이 있다는 것을 들었으므로 죽은 자를 살려서 다시 보내 이곳에 오지 않게 말한들 그들은 듣지 않을 것이라고 매몰차게 대답한다. 실로 이 장면이 그냥 비유로 하신 것이 아니라는 생각이 들었다. 왜냐하면 구체적인 사람 이름을 거론한 것이 단순히 비유가 아니라는 생각에서다. 비유였다면 사람 실명을 쓰지 않았을 가능성이 크다. 그러나 나사로라는 실명을 거론한 것은 단순 비유가 아닌 실제 이야기를 주님께서 들려주셨다는 추론이 가능하다. 세상은 죽음 이후의 삶에 대해 메시지를 던지지 않는다. 현실의 삶에 매몰되게 만든다. 그것이 세상이 주는 메시지다.

크리스천은 죽음 이후의 삶이 있다고 믿는 사람들이다. 주님과 영원히 함께 살든지, 아니면 심판받아 고통 속에서 영원히 살든지 둘 중 하나의 길밖에 없다. 육신의 죽음 이후에 우리가 맞이하게 될 현실은 살아있는 동안의 삶에 의해 결정된다. 세상 신이라고 하는 사단은 현세에서 우리를 죽음 이후의 삶을 생각하지 않게끔 한다. 우리가 만약 예수를 믿는다고 하면서 복음을 전하지 않는다면 변명할 여지 없이 복음을 그저 감동적인 영화의 한 편이나 맛집 음식보다 못한 것으로밖에 생각하지 못하는 것이다. 우리는 구원을 쉽고 값싼 것으로 여기고 있는지도 모른다. 복음은 값싼 구원이 아니다. 나의 죄로 인해 누군가가 생명으로 대신한 사건이다. 구원이 예수님의 십자가 사건과 연결되어 있지 않으면 관념 속에 지식으로만 알고 있는 구원을 받은 것일 수 있다. 사람은 믿는다고 착각하면서 얼마든지 살 수 있다. 환경이 문화가 그렇게 만든다. 진실로 예수님의 십자가 구원을 받아들인 사람은 복음을 전하지 않을 수 없다. 우리는 하나님 앞에 정직하게 나아가야 한다. 죄는 궁극적으로 나와 하나님과의 문제이다. 이것을 해결한 사람은 천국 복음을 전하지 않을 수 없다. 우리는 사람의 심판대보다 더 무서운 하나님의 심판대를 한시라도 망각해서는 안 된다.

영정 속에 있는 송 씨의 모습과 그것을 바라보는 내가 사실 다른 차이가 없는 것 같은 묘한 느낌을 받았다. 모든 사건에는 우연이 없다. 회사로 돌아오는 길에 영정 속에 있는 송 씨가 내 머릿속에서 떠나지 않았다. 수많은 장례식을 다니고 영정을 봐왔지만, 영정 속에 있는 사람이 나라고 느낀 것은 이번이 처음이다. 미래에 있을지 모를 나의 모습을 송 씨의 영정사진을 통해 하나님께서 보게 하셨다. 하나님은 송 씨의 조문을 통해 나의 죄도 스스로 처리하길 바란다는 마음의 감동을 주셨다. 송 씨의 조문은 내 안에 강력한 인사이트를 주었고, 하나님 앞에 내 삶을 흠 없이 드리고 싶은 강한 충동을 불러일으켰다. 송 씨의 조문은 무뎌졌던 내 안에 죄에 대한 인식과 양심을 다시 일깨우며 각성케 하는 중요한 사건이 되었다.

다시 일상으로 돌아왔다. 도시락집을 개업한 지 6개월쯤 지나자 근처 직장인들의 재방문이 눈에 띄게 줄어들고 있었다. 가격과 맛에 대한 평가는 좋았지만, 메뉴가 단조롭다는 단점이 있었다. 손님들은 다채로운 메뉴 구성을 원하고 있었다. 이 무렵 줄어드는 매출을 늘리기 위해 퇴근하는 직장인들을 대상으로 늦게까지 연장근무하고 있던 어느 날이었다. 우리 매장은 1인 직장인들이 식사를 자주 하곤 했는데, 마감 무렵 한 직장인이 제육 도시락을 먹고 절반 이상 남긴 채 나가며 충격적인 한마디를 던졌다.

"제육, 더럽게 맛없네."

순간 내 귀를 의심했지만, 음식이 뭔가 상하지 않았나 하는 긴장된 마음으로 손님이 먹다 남긴 제육을 맛보았다. 다행히 음식은 상하지 않았지만 진짜로 맛이 없었다. 요식업을 야심 차게 시작했지만, 음식 장사는 유통업하고 차원이 다른 사업이었다. 맛을 일정하게 유지하는 것이 너무 어려웠다. 같은 재료, 같은 소스를 써도 사람의 컨디션이나 감정 상태에 따라 맛이 달라지는 것과 그로 인해 요리의 맛에 기복이 심해진다는 것을 알게 되었다. 사람 컨디션에 상관없이 맛을 일정하게 낼 수 있는 매뉴얼을 만들어야 했다.

최근 매장에서 새로 고용한 중국교포 장 씨가 내가 제육 만드는 것을 보고 사실 자기가 제육을 맛있게 만드는 방법이 있는데 요리를 한번 해봐도 되겠냐고 요청해 흔쾌히 주방 자리를 내주었다. 장 씨는 능숙한 손으로 요리를 시작했다. 특이하게 고기를 양념으로 버무리는 대신 먼저 고기를 삶고 나서 자기가 만든 제육 소스를 삶은 고기에 부어 센 불로 중화 요리를 하듯이 순식간에 볶아냈다. 장 씨는 나에게 맛을 보라고 제육을 입에 한 젓가락 집어넣어 주었다. 뭐라 표현할 수 없을 정도로 맛있고 환상적이었다. 입 안에 불맛이 가득한 제육 소스와 살아있는 채소의 식감이 정말 다른 차원의 맛을 느끼게 했다. 곧바로 장 씨에게 당장 비법을 전수해달라고 했다. 장 씨는 흔쾌히 본인만의 제육을 알려주겠다고 했다. 장 씨가 알려준 소스와 요리법을 배워 손님들의 반응을 살펴보기로 했다. 반응은 너무 좋았고 입소문이 나기 시작해 다시 매장에 활기가 돌기 시작했다. 장 씨가 귀인처럼 느껴졌다. 장 씨에게 다른 요리 비법이 있는지 물었더니 자신이 중국에 있을 때 요리를 좀 했다며 나에게 중국 소스 여러 개를 소개해 주었다.

그런데, 어느 날 갑자기 장 씨가 나를 보자고 했다. 내일 중국으로 출국한다는 것이다. 당혹스러워 갑자기 왜 중국으로 가는지 물었더니 사실은 자기가 중국 공산당 간부 출신이라 이번에 당의 호출이 있어 중국에 가야 한다고 했다. 나는 어리둥절했다. 그리고 장 씨는 그 말을 하고 바로 다음 날 중국으로 떠났다. 그렇게 장 씨는 나에게 제육 요리 비법을 남긴 채 사라져 버렸다. 새로운 제육 요리 기법은 가게에 활력이 되었고, 그 무렵 우리 부부에게 그토록 기다리던 첫 아이가 결혼 7년 만에 태어났다. 기적 같은 하나님의 은혜다. 8월 가장 더운 날 태어나 여름 하夏, 열매 나㮈를 써서 여름에 태어난 열매 '하나'라고 이름을 지었다. 상상한 대로 너무 귀하고 예쁜 딸이 태어났다. 우리 부부에게 큰 활력이 되었다.

매일 너무나도 바쁜 하루하루를 보내던 중 함께 일하던 JJ가 비자 연장을 받지 못하고 카메룬에 돌아가야 하는 일이 발생했다. JJ는 돌아가면서 자기 부인인 유디안을 나에게 부탁했다. 남편만 믿고 한국에 온 유디안은 남편이 비자를 받지 못하고 카메룬으로 돌아가게 되자 무척 당황하는 기색이 영역했다. 나는 그동안 함께 일한 JJ를 생각해 유디안에게 도시락집에서 일할 것을 제안했고 유디안은 도시락 주방 보조로 같이 일하게 되었다. 말도 통하지 않고 한국 문화에 익숙하지 않은 유디안은 초반에 무척 힘들고 외로워했다.

어느 날 저녁, 마감 직전에 이십 대 후반에 젊은 청년 두 명이 도시락 한 개를 포장해 갔다. 그 청년들은 종종 마감 시간 때 와서 도시락을 두 개가 아닌 꼭 한 개만 포장해 갔다. 조금 의아하게 생각해 그들 뒤를 따라가 보니 도시락집 바로 옆 건물 2층으로 올라갔다. 더욱 궁금해 계속 좇아가 그 청년들이 들어간 곳의 문을 두드리자 곧이어 문이 열렸다. 청년들은 나를 반갑게 맞아 주었다.

"도시락 사장님 아니세요? 어쩐 일이세요? 들어오세요~"

나는 안으로 들어갔다. 내부에는 먹다 남은 널브러진 음식과 술병 그리고 여러 가지 악기가 있었다. 국악기부터 세계 여러 나라의 처음 보는 악기가 수십 가지가 있었다. 그들은 젊은 예술 음악가들이었다. 두 청년은 나를 공손히 자신들의 음악 작업실을 보여 주었다. 나는 두 청년에게 매장에 올 때마다 인원이 2명인데 왜 도시락은 한 개만 포장해 가는지 물었다. 그들은 꽤 진지하게 자신들의 음악 활동을 하면서 프로젝트 그룹을 하고 있다고 말했다. 공연이 있을 때는 어느 정도 생활이 가능한데 공연이 없는 비수기 때는 최소 비용으로 버티기 위해 도시락 한 개로 두 명이 저녁을 나눠 먹는다고 했다. 이 이야기를 듣고 그냥 앞으로 저녁은 내가 제공해 줄 테니 와서 먹고 저녁밥 걱정 없이 음악 연습에 매진했으면 좋겠다고 말했다. 곧바로 두 청년은 세상을 다 얻은 것처럼 얼굴에 화색이 돌며 기뻐했다. 그날 이후로 두 청년 음악가에게 도시락을 후원하게 되었고, 그렇게 우리는 인연을 맺게 되었다.

내 아버지 집

　두 청년 음악가와 어느 정도 신뢰가 쌓이게 되자 성경 공부를 같이해 보고 싶다는 마음이 들었다. 때마침 그들이 가게에 와 성경 공부를 같이해 보자고 제안했더니 그들은 마음의 문을 열어 나의 제안을 받아들였다. 우리는 일주일에 한 번씩 음악 작업실에서 만나 성경 공부를 시작했다. 매 성경 공부 시간은 꽤 진지했고 할 때마다 은혜로웠다. 성경 공부 모임 때마다 음악 작업실 안에 하나님의 임재가 느껴졌고, 하나님 말씀이 조금씩 그들의 심령에 심기고 있었다. 둘은 음악적 견해 차이가 있어 갈등이 조금 있었지만, 서로를 존중하며 한 팀을 이루고 있었다. 성경 공부 시간은 단순히 성경 말씀만을 공부하는 시간이 아니라, 둘 사이의 갈등을 해소하며 서로를 이해하는 중요한 연합의 시간이 되었다. 우리는 함께 보내는 시간이 점차 늘어나며 그들이 공연할 때 함께 가서 응원하고, 그들도 교회에 와서 특별공연을 해주곤 했다. 어느 날, 성경 공부가 거의 막바지에 다다랐을 때 역사적인 순간이 왔다. 두 청년 음악가는 예수를 구주로 영접했다. 새로 거듭난 것이다.

일련의 과정을 이들과 함께 겪으면서 교회 밖에서의 영적인 모임에 대해 눈이 열리게 되었다. 조금만 관심을 두고 주변을 둘러보면 아직도 수많은 영혼이 방황하고 있고, 복음을 듣기 위해 기다리고 있었다.

복음은 전부다. 하나님이 우리에게 전부를 주신 것이다. 봉사와 섬김, 구제도 결국은 복음을 전하기 위한 징검다리로 선한 역할을 담당하는 것이다. 사람은 복음이 심령 안에 심길 때 비로소 변화가 일어난다. 복음을 전한다는 것은 복음에 대한 확신을 의미하는 것이다. 사람은 스스로 확신하는 것을 남에게 전할 수 있다. 내가 확신하지 않으면 전할 힘도 능력도 없는 것이다. 어떤 암 환자가 시한부 삶을 선고받았다고 가정해 보자. 어느 날, 우연히 암 환자가 밤길에 심장이 떨어질 것만 같은 깜짝 놀라운 일을 겪고 암이 나았다면, 그다음부터 그 암 환자는 자신의 병 나은 것에 대한 큰 확신으로 암 환자들을 놀라게 하며 다닐 것이다. 복음은 바로 이런 것이다. 복음은 지식이 아닌 실제로 내가 믿고 확신하는 만큼 전할 수 있는 것이다. 안타깝게도 대부분 크리스천이 복음에 대한 큰 확신 없이 생계형 크리스천으로 살아간다. 복음은 하나님께서 전부를 우리 인간에게 주신 것이다. 복음 받았다는 것은 더 바랄 것도 없고, 더 필요한 것도 없는 상태를 말하는 것이다. 하나님의 생명을 질그릇 같은 우리 마음에 예수 그리스도라는 보배를 넣어 주신 것이다. 이러한 엄청난 하나님의 생명과 능력을 받고도 여전히 더 달라고 구걸하는 신앙생활을 하는 것이 생계형 크리스천인 것이다. 이제 우리는 내 안에 있는 예수 그리스도의 생명을 바라보는 삶으로 시선을 옮겨야 한다. 진짜 복음에 대한 확신을 가진 크리스천은 내 안에 그리스도의 생명의 엔진으로 사명을 감당하는 삶으로 바뀌게 된다. 하나님께서는 우리에게 더 이상 구걸하는 생계형 크리스천이 아닌 복음에 대한 큰 확신과 담대함으로 하나님이 주신 사명을 감당하는 삶으로 바뀌는 능력 있는 크리스천이 되길 바라신다. 능력있는 크리스천으로 살아가는 것은 복음을 주신 하나님에 대한 인간의 도리이다.

오늘날 많은 크리스천이 예수를 구주로 영접했다는 교리적 동의나 지식적 동의로 죽음 이후에 삶을 보험증서를 마치 따 놓은 것처럼 쉽게 생각하며 현실의 삶에 파묻혀 살고 있다. 과연 그럴까? 현실 세계에서도 집 한 채 장만하기 위해 영혼까지 끌어모으는 노력을 한다, 하물며 천국을 얻는 것이 현실에서 노력하는 것만큼도 못할까? 나는 여기서 의문을 가진다. 천국은 침노하는 자의 것이라고 했다. 침노는 성을 빼앗는 전투와 같이 전력투구해 목숨을 걸고 빼앗는 것이다. 즉, 내 전부를 던져야 얻을 수 있는 것이다. 과연 우리는 우리 영혼의 영원한 삶을 위해 내 전부를 던지는 노력을 하는가? 많은 크리스천이 신앙과 삶의 큰 괴리를 보이면서 천국에 대해 막연하고, 쉽게 들어갈 수 있을 것으로 생각한다. 심각하게 생각해 보아야 한다. 성경은 믿음으로 구원받는 것을 이야기하고 있고, 또한 예수님께서는 누가 지옥에 가는지 동시에 말씀해 주신다.

> 나는 너희에게 이르노니 형제에게 노하는 자마다 심판받게 되고 형제를 대하여 라가라 하는 자는 공회에 잡혀가게 되고 미련한 놈이라 하는 자는 지옥 불에 들어가게 되리라 마 5:22

마태복음의 지옥 이야기는 문맥상 불신자들에 대해 말씀하시는 것이 아니라, 믿는 제자들에게 말씀하시는 것이다. 예수님의 말씀이 최종 결론이다. 성경 말씀은 그분 자체이며 우리에게 생명을 주시기 위해 기록되었다. 죽음 이후의 살아야 할 영원한 삶에 비하면 살아있는 동안의 삶은 너무나 짧은 시간이다. 태어난 즉시 인간은 죽음을 향해 달려가고 있고, 누구도 죽음을 피할 수 없다. 많은 크리스천이 믿음이 있음에도 불구하고 영원히 살 것처럼 현세의 삶에 매몰되어 있다. 우리는 살아있는 동안 복음에 대한 큰 확신과 이 땅에 주신 하나님의 사명을 이루며 살아가야 한다. 그것이 천국을 준비한 삶이다.

두 청년 음악가의 신앙 성장은 나의 큰 기쁨이 되었고, 이들 중 한 명은 훗날 국내에서 열리는 국제 음악 대회인 전주 월드뮤직 페스티벌에서 입상하였다. 함께 했던 시간이 열매를 맺는 것 같아 흥분되고 기분이 좋았다. 이들이 매우 자랑스러웠고 무엇보다 주 안에서 한 형제가 된 것이 나에게 큰 기쁨이었다. 이 세상에서 주는 상보다 하늘나라의 상급이 얼마나 위대하고 값진 상급인지 그들은 알까! 그들은 이 땅의 상을 받았지만 나는 하늘의 상급이 쌓인 것 같은 마음이 들어 흡족했다.

항상 새벽마다 가장 일직 문을 열었던 우리 가게 옆 곰탕집이 어느날 부터 계속 문을 열지 않았다. 사람들 사이에서 이상한 소문이 돌았다. 곰탕집 사장님이 길에서 객사했다는 것이다. 사인은 과로라고 하지만 사람들의 소문에 의하면 사장님은 본처 몰래 첩을 두고 첩을 위해 식당을 다른 곳에 열어 식당 두 곳을 운영하다 과로로 죽었다고 했다. 참으로 허망하기 그지없었다. 바로 얼마 전까지만 해도 함께 인사하면서 지낸 사장님이었는데 죽었다고 하니 믿기지 않았다. "욕심이 잉태한즉 죄를 낳고 죄가 장성하여 사망을 낳는다"라는 성경 말씀이 떠올랐다. 사람들의 눈을 피할 수는 있지만 하나님의 눈은 피할 수 없다. 하나님이 우리의 죄를 알고 넘어가는 것은 우리가 의로워서가 아니라 기회를 주시는 은혜다. 그 곰탕집은 장사가 잘되는 집이었다. 기본 단골손님도 많았고, 바로 우리 옆집에 있어 경쟁 식당이었지만 음식이 맛있어 나도 종종 점심을 사먹곤 했다. 많은 손님이 그 곰탕집에 가서 서성이다 다시 돌아가는 것을 보며 이생의 허망함을 고백한다.

어느 날, 우리 가게 옆에 있던 소금 집 사장님이 나에게 찾아와 옆에 곰탕집을 빨리 얻으라고 했다. 단골손님이 많고 넓은 가게이니 그곳으로 옮겨 손님들을 잡으라고 말씀하시는 것이다. 죽은 사람 가게라 들어가는 것이 마음에 썩 내키지 않아 처음에는 난색을 보였다. 그런데 곰곰이 생각해 보니 소금 집 사장님이 말씀해 주시는 것이 왠지 하나님이 하신 말씀처럼 들렸다. 다음 날 죽은 사장님의 아들에게 전화를 걸어 가게를 한번 보고 싶다고 했다. 죽은 사장님의 아들과 만나 가게 문을 열고 내부를 살펴보니 영업을 바로 해도 될 만큼 모든 것이 준비되어 있었다. 가게 내부를 한참 살피다 마침 하나님께서 올 초에 주신 성경 말씀이 딱 떠올랐다. 너무나 소름이 돋았다. 말씀 그대로 성취되는 장면이었다. 나는 바로 이 가게를 취해도 된다는 응답으로 받아들였다.

네가 채우지 아니한 아름다운 물건이 가득한 집을 얻게 하시며 네가 파지 아니한 우물을 차지하게 하시며 네가 심지 아니한 포도원과 감람나무를 차지하게 하사 네게 배불리 먹게 하실 때에 신 6:11

가게를 보자마자 딱 이 말씀대로였다. 네가 채우지 아니한 물건이 가득한 집이었다. 모든 식기와 냉장고, 주방 요리시설과 장비들 모든 게 다 그대로였다. "네가 파지 아니한 우물을 차지하게 하시며"란 말씀은 24시간 곰탕을 우려내는 장비와 솥을 보며 바로 이 말씀과 연결되어 우물처럼 보였고, "포도원과 감람나무를 차지한다"는 말씀은 그 가게에 늘 밥을 먹으러 오던 직장 단골손님들이라는 걸 직감하게 되었다. 내 눈 앞에 펼쳐진 가게 상황과 말씀이 정확하게 일치되어 아들에게 바로 계약하자고 했고, 아들도 아버님이 죽은 관계로 빨리 처분하고 싶다고 권리금 없이 그렇게 하자고 응답해 주었다. 그렇게 해서 우리는 갑자기 예정에 없던 가게로 급하게 이사를 했다. 그것이 곧이어 맞이하게 될 폭풍 같은 시간표의 서막을 알리는 예고편이라고는 상상도 못했다.

모든 것을 가진 자

　가게는 급하게 옮겨졌지만 지난 가게에서 3년의 시간 동안 운영하고 투자한 시설과 설비 또한 만만치 않은 금액이었다. 가게 이전으로 인한 어느 정도의 금전적인 손해도 감안 해야만 했다. 이번 가게 이전 결정은 나름의 승부수이기도 했다. 도시락의 컨셉으로는 포장과 단체주문에서 어느 정도 고객은 확보했지만 주변 상권의 이점은 잘 살리지 못해 영업의 부진을 면치 못하고 있었기 때문이다. 도시락집이란 인식은 직장인들이 가게에 와서 먹기에는 한계가 있었던 것이 분명했다. 결국 주변의 직장인들이 밥을 먹을 수 있는 컨셉의 아이템이 필요했던 것인데 때마침 곰탕집이 우리의 필요를 충족시켜 줄 수 있는 조건을 갖춘 것이라 내심 기대하고 있었다. 당시 지난 3여 년 동안 누적된 적자를 식자재 유통회사에서 번 돈으로 메꾸면서 버티고 있었다. 그러다 보니 같은 회사 안에 주축인 식자재 유통업도 덩달아 점점 부실해졌고 어찌 보면 더는 버틸 수 없는 상황에서 하나의 돌파구가 생긴 것이다.

그런데 얼마의 시간이 지난 어느 날, 뉴스에서 갑자기 이상한 소식들이 전해졌다. 치명적인 바이러스가 중국 우한에서 퍼지고 있다는 소식이었다. 바로 코로나바이러스다. 지난날 사스와 메르스 때의 경험이 있어서였는지 해외에서 유행하고 끝날 것으로 생각되어 별 대수롭지 않게 생각하고 있었지만, 날이 갈수록 상황은 점점 더 심각해지기 시작했다. 지금까지 한 번도 경험해 보지 못한 광범위하고 전 지구적 재앙으로 확산하는 것이었다. 시간이 지날수록 점점 이상한 분위기로 흘러갔다. 치명적인 바이러스 확산을 막기 위한 대책으로 모이는 인원을 제한하는 상황까지 벌어졌다. 갑자기 가게에 배달주문이 폭주하기 시작했다. 정말 갑자기 일어났다. 뉴스에는 연일 정부의 방침이 발표되고, 사람들이 죽었다는 소식이 계속 전해졌지만 그러면 그럴수록 도시락 주문은 더욱더 폭증했다. 기분이 묘하고 이상했다. 세상은 분명 전대미문의 재난이지만 우리 도시락집은 영국의 산업혁명이 일어난 것처럼 밀려드는 주문을 처리하느라 사활을 걸로 근무해야 했다. 어느덧 3명에서 일하던 가게에서 이제 직원과 알바생 포함 10명까지 일하게 되는 진풍경이 펼쳐졌다. 만약 가게를 이전하지 않았더라면 지금과 같은 일이 벌어져도 전 가게의 좁은 주방에서는 처리 불가능한 규모의 주문량이다. 가게 이전 타이밍이 너무 절묘하게 맞아떨어진 것이다. 이것도 사람이 할 수 있는 일이 아닌 것이다. 우리는 폭증하는 주문을 처리하기 위해 오전 조와 오후 조로 나누어 긴급근무 태세를 갖추고 일했다. 불현듯이란 말은 이럴 때 쓰는 말이 아닐까 싶다. 정말 갑자기 일어났다. 전혀 예상하지 못한 일이 벌어진 것이다. 우리가 실력이 좋아서도 아니고 자본금이 많아 시장을 잠식한 것도 아니다. 단지 주변 상황이 바뀌어 벌어진 일이었다. 지금 생각해 보면 이 도시락업은 그때 딱 맞는 업종을 내가 우연히 하고 있었던 것이다. 바로 하나님의 시간표에 있던 것뿐이었다. 이것을 세상 사람들은 흔히 운때가 맞았다고 표현하기도 한다. 지난날을 생각해 보면 내가 치밀히 계획하고 기획해서 벌인 일보다 미래는 알 수 없지만 믿음으로 버틴 일이 더 열매가 좋았던 때가 많았다. 도시락을 처음 시작했을 때 주변의 반대가 심했다. 영업이 좋지 못할 때는 나 스스로도 '그만 접을까!' 하는 생각을 하루에도 수십 번 반복했었다. 그럴 때마다 버틸 수 있었던 것은 하나님께 받은 말씀이었다. 처음 오픈할 때 받은 말씀이 요한복음 6장 오병이어 사건이었다. 하나님의 말씀으로 시작한 가게는 말씀으로 끝내라고 하기 전까지는 버텨야 하는 것이 나의 믿음이었다. 지금도 나는 이것이 신앙의 본질 중 하나라고 생각한다. 버틴 보람이 있게 한 도시락은 오병이어의 기적처럼 서울시 전 지역으로 퍼져나갔다. 이때 하나님의 때와 시가 맞아떨어진 사업이 바로 도시락업이었던 것이다.

하루 평균 50개 미만의 포장 주문에서 200개, 500개, 800개, 1,000개, 2,000개까지 순식간에 주문이 그야말로 폭발했다. 여의도 금융권의 회사부터 서울시 관공서, 학교, 종교 시설, 병원 등 서울시에 모든 곳이 다 우리 집으로만 도시락을 주문하는 것 같은 착각을 불러일으킬 정도다. 그 수요는 채 다 감당하기 어려웠다. 뉴스에서는 감염자와 사망자가 매일 보도되고 있었고 실로 전쟁터를 방불케 하는 전 세계적 재난이 펼쳐지고 있었지만, 그러면 그럴수록 도시락 주문은 더 폭증했다. 나는 훗날 이때의 감정을 어떤 식으로든 글로 남기고 싶었다. '기뻐할 수 없는 잔치'라고나 할까! 아무튼 이렇게 밖에 표현할 길이 없었다. 분명 잔치인데 기뻐해서도 안 되고 티를 내서도 안 되는 잔치였다. 참으로 이상한 잔치지만 정말 그랬다. 세상에 그 어떤 잔치도 이런 잔치는 없을 것이다. 평상시 같을 때면 이런 일이 있으면 기쁨을 표출하며 신바람 나게 일을 해야 정상이지만, 이때만큼은 매일 사람들이 죽어 나가고 바이러스 공포가 극대화되고 영업집이 줄 폐업되는 상황 가운데서 우리의 잔치는 절대 사람들 앞에서 기쁨을 표출할 수 없는 잔치였다. 나는 이와 같은 당시의 감정을 '기뻐할 수 없는 잔치'라고 표현했다.

마지막 때의 환란도 아마 이와 같지 않을까 하는 생각을 한다. 마지막 때 주님 다시 오시기 전에 대환란이 우리를 기다리고 있다. 요엘 선지자가 예언했듯이 늦은 비 성령이 내릴 것이고 이 늦은 비 성령을 충만하게 힘입은 성도들은 그 환란을 넉넉히 이길 것이다. 나는 이 시절을 통과하면서 마지막 때 환란을 성도가 어떻게, 무엇을 겸비해야 하는지 대략 하나님께서 감을 주신 것 같다. 환란과 같은 코로나 시국을 겪으면서 하나님께서 내게 주신 또 하나의 유산은 성경을 보는 눈을 넓혀 주신 것이다. 어느 것 하나 인간의 힘으로 해결할 수 없는 재난의 때에 더욱 민감하게 성경을 보며 하나님의 일하는 방향에 맞춰 행동하는 것을 배우게 하셨다. 참으로 이 기간은 너무 소중했다. 뉴스와 외부 정보를 통해 내가 이 시점 무엇을 해야 하는지, 하나님이 원하는 것이 무엇인지 늘 영적 센서를 열고 촉감을 곤두세웠다. 분명 재난의 때에 하나님이 도시락업으로 복을 주시는 이유가 있을 것이고 그 복을 흘려보내기를 원하신다는 강한 감동이 있었다. 나는 이웃에 대해 눈을 돌리기 시작했다. 성경 창세기에 요셉 때 7년 풍년과 7년 흉년의 이야기가 나온다. 이때 온 세상이 기근으로 고통을 겪었으나 이집트에는 먹을 것이 있었다고 기록되어 있다. 요셉의 탁월한 통찰력으로 7년 풍년 때 먹을 양식을 비축해 놓았고 7년 흉년이 되어 애굽 온 땅이 굶주리고 있을 시점에 요셉은 모든 창고를 열어 사람들을 구제했다.

뉴스를 통해 집합금지 명령과 인원 제한으로 더욱더 취약계층들이 피해를 보고 있다는 보도를 접했고 이들을 위한 무료 단체급식소가 일시적으로 폐쇄된다는 소식도 들었다. 모두가 도울 수 없는 취약계층은 가장 직접적이고 심한 타격을 받고 있어 바로 지금이 그 어느 때보다 이들에게 절실한 도움을 주어야 하는 시점이라 생각했다. 나는 계획을 세우고 직원들과 차에 도시락을 잔뜩 실어 임시 중단된 무료 급식소 인근에 있는 노숙인 분들을 찾아가 도시락과 마스크를 나눠 주기 시작했다. 준비한 도시락을 내려놓기도 전에 마치 기다렸다는 듯이 노숙인들은 우리 차에 몰려와 도시락을 받아 갔다. 노숙인뿐만 아니라 영등포역 인근 쪽방촌에 계시는

빈민들에게도 일일이 집을 방문해 도시락과 마스크를 나눠드렸다. 그 후로 우리는 코로나로 인해 직장을 잃어 어려움을 겪는 장애인들과 결손가정 어린이, 무료 급식을 받지 못해 어려움을 겪는 사람들을 찾아가 지속해서 복음 전단지를 넣은 도시락과 마스크를 나눠주었다. 성경에서 요셉의 창고에 영감을 얻어 이웃을 섬기는 것이 하나님이 원하는 일이라 생각했다.

지난 코로나 사태를 겪으면서 각 지역 교회가 하나님이 두신 요셉의 창고와 같다는 생각을 하게 되었다. 그렇다. 내가 속해 있는 지역의 요셉의 창고는 다른 곳이 아니라 바로 '교회'이다. 마지막 대환란 날 때 어쩌면 하나님께서 교회에게 기대하고 있는 모습일지도 모른다고 생각했다. 민수기의 도피성처럼 부지중에 살인한 자가 도피성에 가면 살 수 있듯이 지역의 모든 교회가 영혼들의 도피성이자 요셉의 창고 역할을 감당하는 것이 시대적 사명일 것이다. 코로나는 우리 믿는 신앙인들에게 큰 시련을 주는 시간이었다. 바로 예배 제한이다. 정부의 예배 제한 방침은 교회와 성도들에게 큰 위기와 시련을 가져다주었다. 성도의 생명줄과도 같은 예배를 드리지 못하게 한다는 것은 상상해 본 적 없는 일이었다. 이 무렵 우리는 가게에서 직원들과 자체적으로 예배를 드렸다. 갑자기 지하교회가 된 기분이었고, 이마저도 어느 순간 모일 수 없게 되자 우리는 나름대로 특단의 조치를 취하기로 했다. 바로 이동식 교회였다. 그때 마침 보유하고 있던 15인승 작은 버스 안에서 예배를 드리기 시작했다. 매주 버스를 타고 이 지역, 저 지역 장

소로 이동하며 사람들의 시선을 피해 계속 중단 없이 하나님께 드리는 예배를 이어갔다. 지하철이나 버스와 같은 대중교통에서는 인원 제한이 없다는 것에서 착안해 버스에서 예배드리는 아이디어를 생각해 낸 것이다. 예배는 하나님께 생명을 공급받는 생명줄로 여겼기에 어떤 상황 속에서도 중단하고 싶지 않았다. 히브리서의 "모이기를 폐하는 어떤 사람들의 습관과 같이 하지 말라"하는 말씀은 나에게 예배를 포기하지 말라는 하나님의 말씀으로 내 심령에 꽂혔다. 이동식 교회인 버스에서 중단 없이 예배드리는 것이 내가 하나님께 받은 사랑을 드릴 수 있는 최소한의 사랑 표현이라고 생각했다. 물론 온라인으로도 개인이 드릴 수 있지만, 예배 자체를 정부가 중단하는 것에 동의할 수가 없었다. 당시 식당을 운영하고 있었기에 식당은 어느 정도 영업을 할 수 있게 허가해 주면서 교회에서는 모여 예배드릴 수 없게 한 조치는 너무나도 비과학적이고 형평성에도 맞지 않는 편협한 정부의 교회에 대한 처사라 생각했다. 호흡기로 감염되는 바이러스가 교회에만 전염된다는 것으로밖에 이해되지 않았다.

이렇게 전쟁과도 같은 시간이 2년이 흘렀을까! 이제 마스크는 속옷과 같이 생활필수품이 되었고 손소독제는 양치질과 같이 매일 하는 일상이 되었다. 그러나 이 기간 동안 하나님께 너무나도 많은 복을 받았다. 금전적으로 어려운 상황을 회복할 기회도 주셨고, 무엇보다도 다음 세대를 주의 군사로 일으킬 수 있는 (지금의 전신 'YDP 하나교회') 선교 단체인 'YDP 미니스트리'라는 영적인 공동체와 아내의 병원을 함께 개원할 수 있게 허락해 주셨다. 계획에 없던 일이었지만 하나님의 인도하심으로 이루어진 것이다. 이것은 코로나 기간에 하나님께서 우리에게 주신 열매이다. 되돌아보니 재난의 시간이었지만, 이 기간 감당할 수 없는 하나님의 은혜를 너무나도 많이 받았다. 우리 부부는 어려운 시간을 함께 통과하면서 더 믿음이 단단해지고 하나님의 선하심과 신실하심에 대한 전적인 신뢰가 우리 안에 생기게 되었다.

이러한 감사의 마음을 하나님께 실질적으로 표현하고 싶어 아내에게 먼저 제안을 했다. 하나님께 감사의 표현을 실질적으로 하고 싶은데 어떻게 하면 좋을지 우리는 각자 일주일 정도 기도 시간을 갖기로 하고 서로의 입에서 같은 말이 나오면 그것으로 감사의 표현을 드리자고 했다. 일주일 기도하면서 내가 하나님 앞에 결코 포기할 수 없는 것은 무엇일지 생각해 보기로 했다. 내가 결코 포기할 수 없는 것을 드려야 내가 받은 은혜에 비례할 것 같다는 생각이 들었기 때문이다. 처음엔 떠오르는 대로 목록을 적었지만 사실 별로 없었다. 하나님 앞에서 어느 정도 다 포기했다고 생각했었기 때문이다. 내 목숨도, 수명도 하나님이 원하신다면 기꺼이 드릴 각오가 되어 있었다. 그러던 중 정말 그 타이밍에 부천에 있던 우리 집이 생각났다. 매달 월세를 60만 원 받는 우리 부부의 최후 보루 같은 집이다. 결혼하고 7년 만에 첫딸이 태어난 동시에 장만한 우리 부부의 생애 첫 집이었다. 일주일이 흘러 마침 집에서 아내와 이야기를 나누던 중 기도해 봤는지 내가 먼저 물었다.

아내도 나와 같은 생각으로 하나님께 우리의 집을 드리는 것이 좋겠다고 먼저 말하는 것이 아닌가! 흥분되어 나도 사실은 그 마음이 있었다고 아내에게 말하고 우리는 서로의 마음을 확인했다. 그날 밤 우리의 마음이 기쁨으로 뜨거워졌다. 나도 모르게 "참 우리 인생 잘 살았다."하고 외쳤다. 뭐라 표현할 수 없을 만큼 마음이 기쁘고 뜨거웠다. 하나님께서 먼저 그리스도의 생명을 주심으로 우리에게 올인하셨듯이 우리 부부도 지금까지 전력투구해서 장만한 집을 하나님께로 올인했다. 하나님과 우리는 서로 올인하는 사이가 되었다. 우린 서로 결혼 참 잘했다고 생각했고, 어디서 이런 남편, 이런 아내를 만날 수 있겠냐는 생각을 했다. 세상은 영끌로 집을 장만하지만 이제 우리는 그리스도가 전부다. 집을 팔고 다시 월세살이로 살고 있지만 결코 후회함이 없다. 우리 부부는 가지고 있는 소유를 모두 팔아 밭에 감추어진 보화를 발견한 기쁨은 집으로 돌아가 그 밭을 산 사람들처럼 그날 밤 기쁨의 감사가 그치지 않았다. 분명, 이 기쁨은 세상으로부터는 받을 수 없는 하늘로부터 내려오는 영적인 기쁨일 것이다. 우리는 코로나 때 받은 하나님의 특별한 은혜와 보호를 어떻게든 하나님 앞에 감사의 표현을 하고 싶었고 그 마음의 표현이 바로 집을 드린 것으로 합의를 본 것이다. 우리 부부는 집을 팔아 그 돈으로 하나님이 기뻐하시는 곳으로 흘려보내기로 하고 기도했다. 평소 우리는 다음 세대에게 관심이 많아 우리나라와 한국 교회를 이끌 수 있는 대안학교에 흘려보내기로 했다.

다음날 부동산에 집을 내놓았다. 시간이 흘러 부동산에서 연락이 왔다. 새 주인이 나타나서 집을 사기로 한 것이다. 드디어 집을 팔고 통장에 돈이 들어왔다. 대안학교에 돈을 송금하기 전에 먼저 우리 아내에게 전화를 걸었다. 지금 돈을 보낼 텐데 마지막으로 후회 없는지 물어보았다. 그러자 아내는 작은 후회도 없다고 했다. 드디어 나는 거액의 금액을 긴장되는 마음으로 무기명으로 송금했다. 그때 집으로 돌아오는 길은 아직도 잊을 수 없다. 우리 부부는 어쩌면 경제적으로 처음부터 다시 시작해야 하는 출발선으로 돌아간 것일 수도 있지만, 동시에 전부를 가진 사람처럼 기쁨이 흘러넘쳤다. 당시 기쁨은 어떻게 말로 표현하기 힘들 정도로 삶에 가장 기쁜 날이었다. 마치 자기 부상 자동차를 탄 것처럼 도로 위 공중에 떠 미끄러지듯이 차를 운전하는 기분이었다. 집에 가는 길에 차 안에서 지난 과거가 주마등처럼 떠올랐다. 강제 철거당하고 예수님을 처음 믿었던 때가 생각이 났다. 그 선택이 내 인생의 최고의 선택이었다. 나는 집으로 가는 차 안에 천국이 가득 임한 것 같은 느낌을 받았다. 뭐라 말로 형용할 수 없는 기쁨과 감사의 눈물을 흘리며 나도 모르게 감사의 찬양이 계속 흘러나왔다.

어린아이들과 같이 되지 아니하면

끝날 것 같지 않던 코로나 사태가 끝이 보이기 시작했다. 뉴스에는 각국의 코로나 극복 선언이 보도되고, 인원 제한도 점진적으로 해제되었다. 무엇보다 이번 코로나의 상징과도 같았던 마스크 의무 사용이 해제되면서 드디어 기나긴 전쟁의 종식을 알렸다. 많은 사람이 그렇겠지만 이번 사태를 겪으면서 나 개인의 삶에도 많은 변화가 생겼다. 20대 후반 아버지 담낭암의 계기로 방학 때 집안일을 도우려다 강제 철거의 계기로 업이 되어 버린 야채 장사를 시작으로 16년이라는 세월을 식자재 유통업에 매진하며 달려왔다. 이제 나는 2주 동안 시간을 내어 진로에 대해 하나님 앞에 확증 받기 위해 금식기도를 하기로 했다. 마흔 중반을 향해 가고 있는 나에게 인생의 후반을 어떻게 하나님 앞에 쓰임 받아야 할는지 이쯤에서 다시 한번 확인받고 싶었다. 20대 후반 예수님을 처음 만나고 너무나도 시간이 빨리 지나간 것 같다. 뒤돌아보니 십수 년이 마치 일주일처럼 느껴졌다. 생각보다 인생이 짧다는 것을 체감하며 더 늦기 전에 후회 없는 인생의 후반전을 살아가고 싶었다.

먼저 기도로서 앞으로 인생의 후반을 하나님께 인도받고 싶은 마음이 내 안에 컸다. 하나님은 인생의 중요한 큰 결정을 할 때면 어김없이 말씀으로 인도해 주셨다. 하나님께 금식 기도하기로 한 첫날 마음속에 있는 것들에 대해 솔직하고 진지하게 하나님께 토로했다.

"하나님! 지금 제가 짊어지고 있는 짐이 너무 무겁고 힘이 듭니다. 제 짐을 덜어 주세요. 그리고 제가 무엇을 해야 하는지 하나님 말씀해 주시옵소서. 제가 그대로 하겠습니다."

내 머릿속에 들어오는 마태복음 6장 33절 "너희는 먼저 그의 나라와 그의 의를 구하라 그리하면 이 모든 것을 너희에게 더하시리라"하는 말씀을 생각나게 하셨다. 하나님께서는 내 인생의 중대한 결정을 놓고 기도할 때마다 언제나 이 말씀을 주신다. 나는 항상 속으로 하나님께서 이것 아니면 저거 콕 짚어 확실히 말씀해 주시기를 원했지만, 하나님께서는 그때마다 늘 이 말씀을 주셨다. 이날도 마찬가지였다. 가장 먼저 이 말씀을 떠올려 주셨다. 하나님 나라가 무엇인지 진지하게 하나님께 물었다. 나의 젊은 청년 시절 주셨던 이 말씀의 의미가 왠지 이날만큼은 더 새롭게 다가왔다. 분명 처음 보는 말씀이 아닌데도 불구하고 이날만큼은 분명 달랐다. 성경에서 하나님 나라에 대해 뭐라고 말씀하시는지 본격적으로 찾아가며 읽기 시작했다. 예수님께서 사복음서에 말씀하시는 '하나님 나라', 부활하시고 40일 동안 지상에 머물러 계시면서 전하셨던 '하나님 나라', 사도행전에 사도들이 전했던 '하나님의 나라', 바울이 전했던 '하나님 나라'가 전과는 다른 관점으로 성경이 보이기 시작했고, 예수님과 사도들과 바울이 그토록 전하려고 했던 그 '하나님 나라'에 대해 더 알고 싶은 갈망으로 궁금증이 폭발했다. 갑자기 성경 전체를 다시 꼼꼼히 읽어보아야겠다는 강한 충동이 일어 창세기부터 요한계시록까지 정독하는 동안 '하나님의 나라'에 대해 더욱더 큰 갈망이 불일 듯 일어나기 시작했다.

아담과 하와가 에덴 동산에서 실패했던 그 하나님 나라를 하나님께서는 아브라함을 선택하시고 이스라엘로 하여금 다시 회복시키고자 하는 마음이 성경을 통해 내 마음속에 전달되었고, 예수님께서 사복음서에 말씀하신 하나님 나라에 대한 개념들이 조금씩 눈에 들어왔다. 금식하는 열흘 동안 내내 성경을 붙잡고 계속 읽기 시작하면서 예수님께서 마태복음서에 말씀하신 천국 비유와 하나님 나라에 대해 말씀하신 것을 반복해서 읽으며 그때그때 머릿속에 떠오르는 생각들을 노트에 써 정리하는 작업을 했다. 마치 한 번도 가본 적 없는 신대륙을 탐험해 들어가는 것처럼 점점 내 안에 하나님 나라에 대한 갈망과 뜨거움 그리고 궁금증에 왠지 모를 기대는 하나님께서 조금씩 조금씩 그의 나라에 더 깊숙이 나를 초대하는 것만 같았다.

마태복음 6장 33절로 시작된 하나님 나라에 대한 궁금증과 의문들은 성경의 다른 말씀과 꼬리에 꼬리를 물어 어느덧 책 한 권의 분량에 다다를 정도로 채워졌고, 하나님 나라의 시작은 내 안에서부터 임해 그동안 막연하게 죽어서 가는 천국으로만 생각한 하나님 나라에 대해 구체적이면서 실재적으로 이 땅에 실제로 임할 하나님의 나라 새 예루살렘 성에 이르기까지 손에 잡힐 듯 내게 아른거리기 시작했다. 20대 청년 때 처음 받았던 말씀이었지만 이렇게 사실적이면서 실질적으로 와 닿기까지 나의 삶을 이끄신 하나님의 놀라운 섭리가 느껴졌다. 마치 나의 감춰진 출생의 비밀을 뒤늦게 발견한 사람처럼 나의 존재의 이유를 발견한 것 같았다. 완전하진 않지만 말씀 한 구절이 풀어져 내 삶 전체를 이 순간을 위해 이끄셨다는 강력한 감동이 들었다. 이날 나는 실로 벅찬 마음을 어떻게 표현해야 할지 몰랐다. 나의 이름 이룰 성, 나라 한의 한자 이름도 하나님 나라를 이루라는 의미로 지어졌다는 생각이 들면서 모든 것이 우연이 아님을 직감할 수 있었다. 도무지 말로 형용할 수 없는 기쁜 마음이 내 안에 흘러넘치고 있었고, 성경이 다른 관점으로 보이기 시작했다. 예수님께서는 사복음서에서 죽어서 가는 천국을 말씀하신 것뿐만 아니라 대부분 실제 이 땅에 임할 천국을 말씀하시는 것이라고 이해가 되었으며 그 천국에 들어가기 위해 우리가 살면서 무엇을 준비해야 하는지 여러 가지 천국 비유를 통해 실질적인 천국을 말씀해 주시고 있었다.

내 안에 계시는 성령의 통치를 받는 것이 무엇보다 중요하다. 내 안에 먼저 하나님 나라를 이루기 위해서는 자기를 부인하고, 자기 십자가를 지고 주님을 따르고자 하는 삶이 전제되어야 한다.

즉, 자아가 성령이 원하는 통치를 받지 않으면 우리 안에 천국은 이룰 수 없다. 인간의 모든 고통의 시작은 바로 이 자아가 십자가 앞에서 죽지 못해서 오는 고통이며, 우리 몸을 성전 삼아 우리 안에 내주하시는 성령께서는 우리를 통치하기 위해서는 날마다 자기를 부인하고 자기 십자가를 짊어지는 삶을 살아내는 선한 의지가 있을 때 우리를 도우신다. 하나님께서는 내 일상생활의 사건들을 통해 어떻게 내 안에 하나님 나라를 이루어 가는지 가르쳐 주셨다. 기도원에서 집으로 돌아가기 하루 전날 앞으로 내가 일상으로 돌아가면 무엇을 해야 하는지 구체적으로 하나님께 말씀을 받고 싶었다. 그래서인지 그날 밤 꿈을 꾸었다. 꿈속이었지만 너무 힘들게 밭을 갈고 있었다. 나는 계속할 수가 없어서 그냥 밭을 버리고 싶었다. 밭에 너무 많은 돌무더기와 나무뿌리들이 엉켜 붙어 도저히 내 힘으로 밭을 갈 수가 없어 포기하려던 찰나 그때 누군가가 트랙터를 끌고 와 내 밭을 갈아주었다. 정말 시원하게 갈아주었다. 꿈속이었지만 내가 왜 미련하게 손으로 밭을 갈려고 했는지 모르겠다. 처음부터 트랙터에 도움을 청했으면 되었을 것을 하는 답답한 마음이 시원하게 풀리는 감정을 느끼면서 꿈에서 깨었다. 꿈은 생생했다. 일단 구체적인 앞으로의 진로의 말씀을 받지는 못했지만 막연하지만 집으로 돌아가면 전과 다른 삶이 펼쳐질 것 같다는 산뜻한 기분이 들었다.

집으로 돌아가기 위해 짐을 싸고 마지막 금식기도를 완수한 것에 대한 감사의 기도를 드리기 위해 성경을 펼쳤는데 로마서 14장

17절 "하나님의 나라는 먹는 것과 마시는 것이 아니요 오직 성령 안에 있는 의와 평강과 희락이라"하는 말씀이 펼쳐졌다. 아직도 생생하다. 하나님께서 금식기도를 완수하고 주신 말씀이라는 생각이 들어 이 말씀을 소중히 간직했다. 금식 기도하면서 기도드렸던 나의 진로와 나의 무거운 짐에 대해 하나님께 맡겨드리기로 하고 집으로 향했다. 꿈에서 보였던 트랙터가 내 힘으로 절대 갈리지 않을 것 같은 밭을 시원하게 갈아줄 것이라는 기대가 있었다. 기도원을 내려와 보름 만에 집으로 돌아왔다. 집에는 장모님과 아내 그리고 딸이 있었다. 딸 하나가 상심한 표정으로 울고 있었다. 오랜만에 집에 와서 반겨줄 딸을 기대하고 있었지만, 웬일인지 그 아이는 수심 가득한 상심한 표정을 하고 있었다. 나는 하나에게 물었다.

"왜 울었어, 하나야?"

하나는 TV 리모컨이 작동되지 않아 며칠 동안 TV를 보지 못했다고 하소연했다. 건전지를 새것으로 갈아 보았는지 물으니, 그것은 벌써 했다고 했다. 그래서 나는 하나와 TV 리모컨에 손을 대고 함께 기도하자고 했다. 하나와 나는 리모컨에 손을 포개고 기도했다. 하나님께 리모컨이 다시 작동하게 해달라고 기도하고 리모컨의 전원을 눌렀다. TV는 작동하지 않았다. 우리가 그러고 있는 사이 장모님과 아내는 우리에게 별 관심 없는 듯 계속 이야기를 나누고 있었다. 하나와 나는 다시 리모컨에 손을 얹고 "예수님의 이름으로 명한다. 리모컨은 작동될지어다."하고 명령했다. 그리고 하나에게 전원을 눌러 보라고 했다. 그 순간 거짓말처럼 전원이 들어와 TV가 켜졌다. 딸 하나는 놀랐고, 나를 경외감을 가지고 쳐다보았다. 나도 놀랐다. 왜냐하면 TV가 실제로 켜질지 몰랐다. 이 사건은 우리 어린 딸 하나에게 기도하면 응답하시는 하나님에 대한 믿음이 들어가게 되는 계기가 되었다. 이때부터 하나는 자신이 해결할 수 없는 문제에 봉착하면 기도부터 하는 아이가 되었다. 하나에게 하나님이 살아계신 하나님으로 각인된 것이다. 하나는 이 사건 이후로 무슨 일을 하든지 나에게 기도부터 하고 결정하자고 늘 이야기한다. 참으로 감사한 일이다.

시간이 또 얼마간 흐른 후 나는 장모님과 아내가 거실에서 하는 이야기를 우연히 엿듣게 되었다. 장모님에게 갑상선 암이 발견되었는데 더 커지기 전에 수술해야 한다는 이야기였다. 그리고 며칠 지나 장모님은 수술받으러 집 근처인 광주로 내려가시기 위해 준비하고 있었다. 나는 수술 받으러 가시기 전에 장모님께 기도해 드리고 싶은 마음이 들었다. 그동안 장모님께서는 바쁜 우리 부부를 위해 딸 하나를 매주 전라도 광주에서 올라와 돌봐 주시고 계셨다. 연로하신 장모님께서 갑상선 암이라고 하니 나도 마음이 좋지 않았다. 내가 해드릴 수 있는 것은 기도가 전부였다. 장모님 갑상선이 있는 환부 쪽에 손을 얹고 간절히 기도했다. 기도하는 내내 장모님은 울고 계셨고 나는 하나님께 장모님을 불쌍히 여겨달라고 기도했다. 기도가 끝나고 장모님은 고맙다고 하시면서 수술을 받으시러 떠나셨다. 그런데 다음 주에 장모님이 하나를 봐주시러 다시 집으로 오셨다. 병원에서 수술을 받기 위해 검사를 받았는데 종양이 작아져서 수술할 필요가 없다는 놀라운 소식을 전해주셨다. 장모님은 어쩔 줄 몰라하며 기뻐하셨다. 장모님이 기뻐하시니 나도 기뻤다. 결혼하고 장모님이 그렇게 기뻐하시는 모습은 처음 보았다. 앞서 두 사건을 통해 나는 자연스럽게 내가 의도하진 않았지만, 성령께 의지하며 사역하는 나의 모습을 발견하게 하셨다.

어느 날, 도시락집에서 근무하고 있는 나에게 다급하게 어머니가 찾아오셨다. 바로 같은 시장에서 일하는 부산상회 형이 실종되었다는 이야기를 하시면서 나보고 부산상회 가서 기도 좀 해보라고 하셨다. 정말 뜬금없는 어머니의 기도 부탁이라 바쁘다는 핑계로 그냥 지나치려 했는데 어머니가 너무나 안타까워하는 모습이 떠올라 혼자 부산상회로 가보기로 했다. 부산상회 앞에 서서 나는 잠시 눈을 감고 기도했다. 나도 모르게 부산상회 가게점포에 두 손을 대고 무슨 이유로 50넘은 사람이 집을 나갔는지는 모르겠지만 무사히 돌아올 수 있도록 해달라는 기도를 하나님께 드렸다. 왠지 모르겠지만 지금 기도해야 된다는 강한 감동이 있었기 때문이다. 그 후 까맣게 잊어버린 채 일상을 살아가던 어느 날, 도시락집 옆에 부산상회 형처럼 보이는 사람이 서 있는 걸 보고 몰고 있던 승용차를 그 자리에서 멈추고 도시락집으로 향했다. 아니나 다를까 부산상회 형이었다. 부산상회 형은 나를 보더니, 이야기 들었다면서 기도해 주어서 고맙다는 말을 전하러 나를 만나러 왔다고 했다. 부산상회 형님은 실종된 지 한 달 만에 살아 돌아온 것이다. 눈으로 보면서도 믿기지 않았다. 어머니는 나에게 부산상회 형이 죽으려는 마음을 먹고 집을 나갔다가 다시 마음을 돌이켜 돌아와 시장에 왔는데 우리 아들이 부산상회 가게에서 기도했다는 말을 전하자 고맙다는 답례를 하러 내가 운영하는 도시락집에 왔다고 말을 전해 주셨다. 어떤 이유에서인지는 모르나 나의 기도가 부산상회 형님의 마음을 돌이키게 했다는 생각이 들었다. 나는 나의 삶이 이전과는 다르게 진행되고 있음을 알았다. 전과는 다르게 성령께 더 민감하게 반응하는 나의 모습이 스스로 느껴졌다.

회사에서 오랜만에 전화가 왔다. 야간 근무하는 배송 근무자가 출근하지 못해 나더러 대신 배달을 나가 달라는 과장의 요청이었다. 실로 오랜만에 하는 야간 배송이었다. 야간 배송을 마치고 토요일 오전 피곤한 몸을 이끌고 잠을 청하고 있었는데 딸 하나가 나를 깨웠다. 하나에게 아빠가 밤새워 일하고 왔으니 잠 좀 자게 놔두라고 했다. 하나는 얼마 후 다시 와서 리모컨으로 내 머리를 치면서 일어나 개구리를 잡으러 가자고 했다. 개구리는 서울에 없으니 잡을 수 없다고 말하고 다시 잠을 청했다. 얼마 후 또다시 하나는 집요하게 나를 흔들어 깨워 개구리를 잡으러 나가자고 하는 것이다. 순간 화가나 윽박지르면서 "개구리 없어. 서울에 개구리가 어딨어!"하고 언성을 높였다. 하나는 깜짝 놀라며 방을 나갔다. 다시 누워 잠을 청하려고 하는데 내가 너무 심하게 말한 것 같은 생각이 들어 잠이 오질 않았다. 마음이 좋지 못해 거실로 나가 있는 하나를 찾아가 아빠랑 개구리 잡으러 가자고 말했다. 겁먹은 하나를 간신히 달래고 난 뒤 나는 하나를 업고 엘리베이터를 기다리는데, "개구리 잡으러 가는 시늉만 하지 말고 진짜 개구리가 있다는 마음으로 가라." 하는 마음이 불쑥 들었다. 단순히 내 생각에서 드는 것이 아님을 느꼈다. 왠지 모르게 긴장되는 마음으로 아파트 1층에 내려갔다. 약간의 부슬비가 내리고 있었고 아파트 한 가상에 조그마한 화단이 있었다. 살면서 한 번도 본 적 없었는데 그날따라 눈에 들어왔다. 순간 진짜 개구리가 있을지도 모르겠다는 생각이 들었다. 나는 화단 풀숲으로 딸 하나와 천천히 다가가 떨리는 마음으로 풀숲을 해 집기 시작했다. 도심 한복판에 개구리가 있을 리가 없다는 생각과 동시에 전에 하나와 고장난 리모컨을 기도로 작동시킨 사건을 떠올리며 '그렇지! 하나님이 개구리 잡으라고 하면 잡는 거야.'라는 마음이 동시에 들었다. 우리는 긴장된 마음으로 풀숲을 해 집으며 개구리를 찾아보았다. 역시나 개구리는 없었다. "거봐. 아빠가 말했잖아. 서울에는 개구리가 없어. 기도도 하나님이 하실 수 있는 걸 해야지." 하며 하나에게 설명했다. 하나는 실망했지만, 하나님께 기도하면 들어주신다는 믿음을 놓지 않고 있었다. 5살짜리 어린 딸이 상심한 모습을 보니 나도 마음이 좋지 않았다. 나는 하나에게 개구리를 사러 마트에 가자고 했다. 하나는 그건 안 된다고 울면서 말했다. 어떻게든 개구리를 구해주고 싶었지만, 도무지 서울에서 개구리를 구할 방법이 딱히 떠오르지 않았다.

그때 '왜 진짜로 기도하지 않았지'하는 생각이 들었다. 나는 하나를 달래어 집으로 들어갔고 '그래도 진심으로 기도했어야 했는데'하는 알 수 없는 아쉬움이 남아 있었다. 그리고 며칠이 지난 토요일에 하나와 나는 할머니 채소가게로 놀러 갔다. 하나는 할머니 채소가게에 가는 걸 좋아했다. 왜냐하면 할머니께서 용돈을 주신다는 걸 알고 있었기 때문이다. 편의점에서 젤리를 사 먹을 수 있는 좋은 기회가 바로 할머니 채소가게 가는 날인 것이다. 역시나 하나를 본 할머니는 하나에게 천 원짜리 몇 장을 용돈으로 주었다. 용돈을 받고 하나와 편의점에 가려던 찰나 야채 매대에 있는 부추가 눈에 보였다. 그런데 내 눈앞에 믿을 수 없는 광경이 펼쳐졌다. 바로 부추 틈 사이로 아주 작은 무언가가 꿈틀거리고 있었다. 바로 청개구리가 부추 틈 사이에서 나온 것이다. 며칠 전 하나와 개구리를 찾지 못했던 일이 생각났다. 우리는 청개구리를 발견하고 너무 기뻤다. 하나님은 우리 딸보다 못한 나의 믿음을 조롱이라도 하듯이 나에게 청개구리를 보여 주시는 것 같아 정말 신기하면서도 기분이 묘했다. 서울에 개구리가 없다는 내 고정관념이 깨지는 순간이었다. 하나님은 우리 어린 딸의 기도를 들어주셨다. 순간 어린아이와 같이 되지 아니하면 결단코 천국에 들어가지 못한다는 예수님의 말씀이 떠올랐다. 기도원을 갔다 온 후 고정관념들이 깨지는 사건들이 연거푸 일어났다. 분명히 하나님은 나를 전과 다른 차원으로 이끌고 계셨다.

그리고 얼마 후 더 황당한 사건이 일어났다. 도시락집 주방에서 근무하시는 이모가 자기가 모시고 있는 무당이 있는데 얼마 전 쓰러져 걷지도 못하고 집에서 휠체어 신세를 지고 있는데 사장님한테 데리고 와 기도 받게 하고 싶다고 했다. 나는 황당했지만 거절은 하고 싶지 않았다. 당장은 아니지만 적당한 때를 봐서 함께 그 무당 이모를 만나자고 했다. 그리고 며칠이 지나고 다시 주방 이모가 백화사 무당 이모가 상태가 더 안 좋아지셨다고 조금 있다가 쉬는 시간에 무당 이모를 가게에 모시고 와 기도 받을 수 있는지 물었다. 나는 알겠다고 했다. 마침 가게에 어머니도 함께 계셔서 어머니와 주방 이모가 백화사 이모를 모시고 오시기로 했다. 백화사 이모는 휠체어를 타고 도시락집으로 천천히 들어왔다. 나는 떠오르는 성경 구절을 소리 내어 선포하고 간단한 복음 메시지를 백화사 이모에게 전했다. 백화사 이모는 이미 마음이 많이 무너져 있는 상태였고, 그 자리에서 예수님을 구주로 영접했다. 그리고 곧이어 믿을 수 없는 광경이 눈앞에서 펼쳐졌다. 그 무당 이모가 찬양을 부르기 시작하면서 지난날의 과거의 자신의 삶을 들려주었다. 젊었을 때 교회 성가대원이었는데 어찌 된 이유에서인지 무속인의 길을 걸었고, 지금 하나님께 다시 돌아올 수 있게 되어 이제 죽어도 여한이 없다고 했다. 순간 이모가 일어날 수 있을 것 같은 충동이 들어 백화사 이모의 손을 잡고 일으켜 보았다. 아니나 다를까 처음에는 내 손을 잡고 부축해서 조심스럽게 일어나더니 잠시 후 혼자서 걷더니 약간 빠른 걸음으로 집으로 향했다. 눈 앞에 펼쳐진 광경에 놀라면서도 침착함을 잃지 않으려 노력했다. 무당 이모는 어깨춤을 추며 하나님께 감사드렸다. 그리고 자신의 무당집에 깃발을 내리고 십자가를 올리겠다고 말하며 집으로 돌아가셨다.

  하나님은 위대하시다. 나는 이러한 사건을 통해 성령께 인도함을 받으면서 전과 다른 사역을 하고 있었다. 더 늦기 전에 내 인생의 후반전을 하나님이 가장 기뻐하시는 곳에 내 삶을 드리기로 마음먹었다. 지난 기도원에서 꾼 꿈이 해석되기 시작했다. 밭의 돌들과 엉겨 붙은 나무뿌리들은 내 생각과 고정관념들이란 생각이 들었다. 트랙터는 성령님으로 해석이 되었다. 성령께서 내 밭에 있던 여러 가지 생각과 고정관념들을 시원하게 새롭게 갈아엎고 계시다는 생각이 들었다. 나는 과수원의 농부가 된 심정으로 내 인생의 후반전에 풍성한 열매를 맺기 위해 나뭇가지를 치기로 마음먹었다. 더 나이 먹기 전에 교회 공동체만 남겨놓고 사업체를 정리하기로 결단한 것이다. 인생의 전반전이 끝난 것이다. 하나님 나라는 나도 모르게 내 안에 점점 실질적으로 다가오고 있었다. 어느 날, 교회에서 기도하면서 작은 십자가를 바라보며 생각에 잠겼다. 초등학교 때 하굣길에 알 수 없는 승용차에서 유괴되었다가 극적으로 집에 돌아온 사건, 중학교 때 신발 끈을 묶다 계단에서 뒤로 굴러 떨어졌지만 털끝 하나 다치지 않은 사건, 고등학교 등굣길에 버스에 치일 뻔했는데 뒤에서 누군가 낚아채 살아난 사건, 트럭이 빗길에 미끄러져 전복되었어도 살아남은 사건 등 갑자기 인생의 생과 사를 겪었던 지난 일들이 주마등처럼 떠올랐다. 분명히 죽을 수도 있었는데 왜 죽지 않고 살아남았을까? 그때마다 죽지 않고 날 여기까지 이끄신 이유가 뭘까? 나 하나 이 세상에 존재한다고 이 세상이 더 아름다워질 것 같지도 않은데 왜 살아 있는지에 대한 강한 의문이 들었다. 교회에 걸려있는 작은 십자가를 한참을 바라보다 문득 진짜 죽어야 할 곳은 이 세상이 아니라 저 십자가에서 내 자아, 내 생각, 내 고집, 내 안의 미움, 시기, 질투, 혈기, 분노가 못 박혀 죽기를 하나님께서 원하신다는 생각이 들었다. 그렇다. 진짜 죽음은 내 육신이 아니라 십자가에서 '나'라는 괴물이 죽는 것이다. 내 자아가 십자가에서 죽기 전까지 하나님은 육신의 죽음에서 나를 건지셨다. 그것은 이 땅에서 분명히 해야 할 일이 있다는 뜻이었다. 나의 인생의 후반전을 주님의 피 값으로 사신 그의 몸인 교회를 세우고 지키는 것이 내가 살아가야 하는 이유라는 것을 알게 하셨다. 그렇게 나는 내 안에 성령의 통치를 받으며 인생의 후반전을 하나님의 나라를 위해 전심으로 살아가고자 한다.

"하나님! 하나님의 은혜를 구합니다. 저를 십자가의 길로 인도하소서."